遊戲式
情緒教養

魔法書

謹將本書獻給我最愛的M
謝謝妳讓生活充滿甜蜜與挑戰

目錄
· · · · · · · · · ·

第八章　戶外遊戲 139

第九章　深呼吸與冥想遊戲 155

前言

. . . .

這是那些你絕對不希望發生的事的其中一件，而直到發生的那一刻，你才發現它真的發生了。

我才轉身去忙一下子，我那一歲半的女兒就光速爬上了樓梯，一直爬到樓梯的第一個平台上。過了一會兒，我聽到了撞擊聲，然後回頭看見她滾下了樓梯。我大吃一驚，飛奔過去抱住她，然後高聲叫我先生打911。他把我們兩個從地板上「挖」了起來，在女兒因為驚嚇、害怕和疼痛，我則因為羞愧和恐懼，母女倆都大哭不止時，先生成為我們的依靠。他的冷靜安撫了女兒，於是我們帶她到廚房找她的冰冰兔，這是一隻裝滿冰袋的絨毛玩具，先生把它放到她慢慢腫起來的嘴唇上，而我深呼吸了幾次才終於提起腳、走到廚房加入他們。

我想指認出她的情緒，於是我說：「我猜妳被剛才的事嚇到了？」還有「妳自己爬上樓梯真的很勇敢，不過妳摔倒了，這件事很嚇人。」她很快的安靜了下來，在我們打電話給醫生時依偎在我懷裡。除了嘴唇腫起來，她外表上看不出受傷的痕跡。因此醫生只告訴我們要多注意她的情況。

幾週後的某一天，我工作完回到家，看到我先生站在樓梯下，手上撿了幾隻絨毛玩具。我女兒則站在樓梯上方，安全柵欄的另一側。

他抬頭望向我說：「我們已經這樣一整天了。她一直把它們從樓梯上丟下來！」

當然，他有點生氣了，他不想要一直玩這種你丟我撿的遊戲。當我看到女兒把玩具再次丟下樓梯時，我暫停了對話，接著我的腦海忽然冒出了一個想法——她需要把發生的事用遊戲抒發出來，她需要用「玩」的方式釋放她對曾經摔下樓梯的恐懼。當她把它們丟下樓梯時，我出聲說出它們可能有的感覺。

「哎呀！艾艾摔到樓下了，不知道它害不害怕。」

在艾艾滾下樓梯後，我鎮定地走下樓拿回玩具，然後說：「我想要檢查一下艾艾，看看它有沒有受傷或是被嚇到。」

我撿起這個絨毛玩具然後問它有沒有哪裡痛，將它帶到廚房，然後檢查它的全身。我的女兒跟在我身後，專心地看著。我請她幫我檢查一下艾艾，還問她是不是覺得艾艾需要冰冰兔來治療一下，她同意了。

我們轉身將冰冰兔敷在艾艾身上，好讓他感覺好一點。我們在兩個禮拜的時間裡不斷重覆玩這個遊戲，總是用裡裡外外徹底檢查絨毛玩具來結尾。

最後一次玩這個遊戲是我女兒提議的，在換尿布時，她說：「艾艾痛痛！」剛開始我聽不懂她的意思，但過了一會兒，我想到她是想要給艾艾她的兔形冰袋。她坐在我的大腿上，我們輪流照顧艾艾想像中的傷口。她小心照顧著艾艾的嘴巴，常常把冰袋放在她自己同樣痛過的地方。在照顧好艾艾之後，我說：「媽咪想要讓艾艾安全，媽咪不想要它再像那樣跌下樓梯了。」這就是我們最後一次玩的遊戲內容，而自從那次之後，她對於跟樓梯或攀爬有關的事就再也沒表示過害怕或退縮。

這個經歷讓我確認了，身為臨床工作者所相信的、但之前卻未曾以自身教養經驗驗證過的事，那就是——「遊戲」是孩子們所表達出的最自然的語言。如果我們可以學會聆聽和述說遊戲的語言，我們就可以幫助我們的孩子克服生命中的某些重大挑戰。

遊戲是我們與世界互動、解決問題和創造連結的第一種方式。不論在動物或人們身上皆是如此。美國國家遊戲活動研究所（National Institute of Play）所長斯圖爾特・布朗（Stuart Brown）認為，遊戲不僅是兒童發展的基石，而且具有激發個人一生最大潛力的力量。正如〈遊戲的神經生物學力量〉*中的研究顯示，一個人從兒時培養出的遊戲能力，將持續影響到成年之後，而且影響層面包含個人整體的快樂程

---

*　見本書P.176「參考文獻」第8項。

度、身體健康程度以及生活滿意度。無論年齡多大，人腦都可以透過參與遊戲而受益與成長。

　　身為持證的臨床社會工作者與註冊的遊戲治療師，我服務的場域從校園到社區，也包含我自己的診所，內容則包括協助人們的心理健康以及創傷治療工作。雖然我治療的範圍擴及所有年齡層，但幫助孩童滿足他們的需求一直以來都是我職業的基石。如今，不論是哪一種場域或個案族群，我的遊戲治療技巧與技術都佔有尤其重要的位置。在我的實務工作中，以遊戲為基礎的介入方式也持續是最具效能的治療方法之一。

　　本書的功能十分清楚，就是要為家長、兒童照護者提供一個遊戲治療工具箱，讓你們在與孩子共同遊戲時更有底氣，更能體會和孩子進行這項遊戲的意義。本書將遊戲治療的基本技巧融入美勞、音樂、肢體、正念、說故事等活動，這些遊戲活動可以增加孩子認識自我的機會、情緒調節力、衝動控制力，以及創造與想像力，並讓孩子能夠用自己發展的方式與他人建立連結。而至少至少，我希望這些快樂的互動，能讓你與孩子的關係變得更好。

遊戲治療 ≠ 遊戲

在你將本書運用在孩子身上之前，能區別「遊戲」和「遊戲治療」的十分重要。雖然任何形式的遊戲都擁有強大的力量，能夠促進兒童的認知發展，也具有療癒的性質，但「一般遊戲」和「遊戲治療」仍有差異，是在其目標——當一位治療師讓孩子參與以遊戲為主的治療時，**它的目的是幫助孩子療癒創傷經驗、克服一般性的焦慮、增加他們自我調節情緒的能力、提升家庭動力、提高自尊和（或）處理其他特定心理需求**。當然，家長與小孩自發性地進行的遊戲也可以滿足上述需求，但遊戲治療師是**有意的**與孩子進行遊戲，以達到上述的目的。

因此，請注意，本書並**不能**代替實際遊戲治療，而且不能被視為如注意力不足過動症（ADHD）或創傷後壓力症候群（PTSD）這類診斷的治療方式。話雖如此，應該鼓勵任何關心孩子心理健康的家長或兒童照護者，讓他們的孩子參與本書所提供的**有意的**遊戲活動。我們當前的社會，無論是因為電子產品的普遍性還是學校決定縮短下課時間，都讓孩子離遊戲越來越遠。這本書可以幫助你重新建立與孩子共享遊戲時光的機會，相信我，這也會是孩子的身心都渴望的！

本書包含101種經過我精心策劃的遊戲活動，以求每位孩童都能找到適合自己的方式。不過，並非每個活動都適合每位兒童，有些適合年齡較小的孩子（約3～5歲）；有些則適合年齡大一些的孩子（約6～9歲）。**有些遊戲能幫助你的孩子在不安、焦慮，或者難以入睡時穩定下來；有些則能讓孩子更有活力迎接新的一天、新的挑戰。**作為最了解你孩子的人，我鼓勵由你來選出要進行的遊戲，那也往往會最符合孩子的需求。

你是家長或兒童照護者

給對遊戲治療剛入門的你——本書第1～2章將引導你建立對遊戲治療的基礎知識，並說明為何第3～9章的遊戲活動能讓你和孩子獲益。除此之外，我也會協助你決定是否該讓孩子接受正式的遊戲治療。即使你的孩子並不需要遊戲治療，本書的活動至少能夠幫助你和孩子建立更多連結，並且讓孩子對自己的身體與心理狀態有更多認識，進而提升情緒調節的能力。

給正在接受遊戲治療的孩子的家長——在我的工作經驗中，與我攜手治療的家長們往往礙於生活忙碌，必須非常努力才能記住、應用我們每週所討論的內容。本書的遊戲可以作為在下一次治療來臨前，在家和孩子一同運用，並且能延續治療主題和目標的參考活動。

你是遊戲治療師

不論你是在學校、私人診所或是心理健康相關單位服務的遊戲治療師，本書都提供了足夠多元的活動與彈性，來符合您個案的需求。

另一個將這些活動整合到治療過程的好方法是協助家長與他們的孩子在諮商單元間參與運用這些活動。本書提供了清晰的步驟說明，以及每個遊戲的使用目的、時間點（例如：睡前、一天的早晨，或者當孩子失去自信、感到焦慮，或者感受不到家長的愛時），而且大多數的活動都是在家就能進行的，當家長帶孩子回到家中，運用本書的活動將有助於整個治療。

第一章

給家長與
兒童照護者的
遊戲治療指南

　　本章會協助你更能充分運用這本書。在和孩子一起進行第3～9章的遊戲活動前，你需要先了解的是：遊戲治療是什麼、以遊戲為基礎的活動可以為親子帶來哪些好處，以及這些活動為什麼能達到效果。除此之外，我也會協助你確認是否需要為孩子尋求專業遊戲治療師的協助。

遊戲治療是什麼？

遊戲，是孩子用來調節情緒、發展對內外在的理解與觀察、解決問題、獲得快樂，以及最重要的——溝通的一種途徑。他們不僅透過遊戲分享自己最大的恐懼與擔心，更用以解釋他們周遭的世界。

然而，在這個孩子一直被要求乖乖聽話、乖乖坐好、不斷滿足他人期待的世界裡，我們常常忽略一件事，那就是——孩子不是縮小版的成人，孩子有他們和世界互動的方式，因為**孩子本來就和成人有所不同，甚至他們所說的語言和成人也不一樣**，這裡指的正是「遊戲的語言」。

基於「遊戲是孩子最自然的溝通媒介」，在1940年代就已發展出一種最強而有力的兒童治療工具——遊戲治療。以美國遊戲治療協會（APT; Association for Play Therapy）所提出的定義，我們可以將遊戲治療視為「系統性地使用一種理論架構來建立出一種人際互動過程，其中，受過培訓的遊戲治療師，會利用遊戲的療癒力，協助個案預防或解決社會心理困難，並達成最佳發展。」接受這類訓練的心理健康專家，使用遊戲治療**作為一種可以幫助兒童克服挑戰的工具，這些挑戰如調節情緒、焦慮，與面對生活中的重大改變、創傷和悲傷。**

遊戲治療可以幫助兒童表達出他們對於某個事件的感受，並加以辨識和消化那個感受；它還可以給予孩子發展上適合的工具來理解和解釋其內在的世界。而這也是社交技巧、決策和情緒管理發展中一項至關重要的技能。

在決定如何能最大化滿足個案（兒童）需求的過程中，治療師會傾向運用一個特定的架構來和個案工作。**遊戲治療有兩種主要的理論架構**（雖然還有許多其他理論）：**非指導性和指導性。**這些理論模型可讓治療師確定哪種類型的遊戲、進行方式等最能滿足個案的需求。

非指導性遊戲治療

根據2010年出版的《兒童中心遊戲治療（Child-Centered Play Therapy）》一書，非指導性遊戲治療是由1940年代的維吉尼亞·愛思蓮（Virginia Axline）所提出，其根據的理論為兒童會自然地使用遊戲作為媒介、向治療師表達他們的問題。在非指導性遊戲治療中，治療師讓兒童引導，而且大多不會干預他們的遊戲。

在治療的開始，治療師會告訴孩子，在遊戲室中，他們可以用許多自己喜歡的方式玩玩具，表示將權力交給孩子，孩子和治療師會站在相同的立足點上。就像在談話治療中，治療師會讓個案照自己的意願來分享訊息，遊戲治療師相信在平等與安全的治療關係中，孩子自然而然會透過遊戲的語言來表達他們內在的擔心、恐懼和憂慮。

在非指導性治療關係中，治療師會口頭追蹤孩子正在做的事，如同運動賽事中的播報員一般，透過對孩子遊戲的回饋，提供孩子支持感，以及聚焦於與孩子症狀相關的主題，並創造克服困難的機會。

以我曾為一位男孩所進行的非指導性治療為例，過程中，他逐漸能試著表達與克服對上學的焦慮。例如，他開始在沙盤上建造出一個縮小版的教室場景，他將動物模型放在該場景裡的每張書桌上，而我注意到他對一個小狗模型特別關注。他邊玩邊向我分享，他表現出那隻小狗有某些強烈的情緒。我追蹤他的行為並回應：「這隻小狗有一些強烈的感覺。」他繼續說到那隻狗在學校很緊張，因為他離媽媽很遠。我把我的疑問說出口：「這隻小狗怎樣才能變得堅強一點，好能夠適應學校生活呢？」男孩接著便拿起一個超級英雄模型、放在小狗的旁邊。他說，超級英雄可以幫忙訓練這隻小狗，讓他更堅強。於是男孩讓超級英雄對小狗持續進行特訓，並且在接下來的幾個遊戲治療單元都玩出了類似的場景。而在一個月內，那位男孩的家長和老師都注意到，他對於學校相關事物的焦慮明顯下降了。

指導性遊戲治療

在指導性遊戲治療中，治療師會選擇特定的活動來引導個案。在這個架構下，治療師採用更廣泛的治療工具，在以遊戲為基礎下，結合安撫策略或問題解決辦法等。治療師能運用這些活動來幫助個案學習特定技巧、針對特定的時刻做處理、讓孩子對於處理創傷事件有所準備、評估特定的議題、學習辨認與調節情緒或建立對於某一主題的理解。此外，治療師可以將藝術、音樂、肢體活動、遊戲（桌遊）、玩具、角色扮演、孩子喜愛的小點心等融入在遊戲治療中，有時也可以邀請家長或照護者一起參與。許多遊戲治療師則將指導性活動加入到非指導性的遊戲單元裡，使孩子參與該活動，同時在口頭上進行追蹤。

我喜歡利用指導性活動來教導孩子如何與他們的身體產生連結，如同兒童心理學家莫娜·迪拉胡克（Mona Delahooke）在其著作《行為不只是行為（Beyond Behaviors）》*所指出的，建立內在連結是發展情緒調節技能的關鍵工具。在此類活動中，我會引導孩子認識住在我們每個人內心深處的小偵探。這位小偵探會幫助他們回答以下這個問題：「這讓我有什麼感覺？」

當我第一次引進這個「身體偵探」概念時，我先讓孩子畫出他們想像中的偵探的長相。之後，我們透過做出不同的動作來測試，看看我們的小偵探是否會注意到我們身體的感受。我們會做一些蠢蠢的大動作，像是開合跳、在椅子上轉圈圈，或者瘋狂跳舞。在活動當中，我們會停下來，檢查一下身體的狀況，問問我們身體裡的小偵探這類問題：「繞著房間跑一圈以後，我的腳有什麼感覺？」這是一種以遊戲來教導有力技能的方法。

要再次強調的是，雖然本書包含了許多指導性的活動，但它們並非是一種遊戲治療的形式。如果這些活動被用以治療，則必須經由受訓過的專家將其整合進遊戲治療治療單元中才行。

---

* 見本書p.176「參考文獻」第5項，該繁體中文書名為暫譯。

歡迎來到治療師的遊戲室！

不論治療師採取的方法為何，孩子們需要取得工具（如：玩具），才能夠更容易透過遊戲說出他們的內心話，這就是遊戲室之所以存在的必要。典型的遊戲治療室會具備開放式的層架，上面擺滿描繪生活各個方面的模型。你可以在其中找到小而溫和的動物模型，如兔子和小狗，還能找到大而凶猛的生物，例如老虎和龍。此外，也有描繪人們在社會中扮演的各種角色的模型，有存在於現實世界中的，也有想像中的，例如：警察、保全、社區管理員、爺爺奶奶、爸爸媽媽、孩子、超級英雄、邪惡壞蛋、公主、仙女等。

除此之外，大部分的遊戲治療師也會有醫療物品的小模型、娃娃屋傢俱、樹、柵欄、橋、石頭等。模型可以用來在沙盤上搭建場景，以便孩子訴說故事，以及讓孩子用模型的角度來表達情緒。根據《指導性遊戲治療理論與技巧（Directive Play Therapy: Theories and Techniques）》[*]一書，這些運用模型的微型化的遊戲，可以使孩子們在面對巨大的問題時感覺自己更有力量、更強壯。當孩子能夠將一個大問題以投射在小玩具上，並將其放置在如沙盤這類容器上時，他們會更能夠解決自己所說出的問題。

除了上述的模型外，遊戲室裡還會有可以讓孩子進行角色扮演或情境劇的玩具，包含手偶、洋娃娃、食物玩具、醫療玩具、家家酒玩具、手工藝材料、感官玩具和其他像兒童樂器、桌遊等經典玩具。

請注意，遊戲治療室不同於家中的遊戲室。設置遊戲治療室的目的在於，讓孩子在無需使用字詞的情況下也能進行溝通。雖然你可以在家中提供你的孩子許多這類玩具，但這和正式的遊戲治療是不同的。

---

[*] 見本書p.176「參考文獻」第10項，該繁體中文書名為暫譯。

遊戲治療如何進行？

　　我見證過許多家長支持孩子持續接受遊戲治療，而幫助孩子得以克服當前人生的重大挑戰。

　　每位治療師的治療架構和流程多少有些不同，但大多數治療師都會依據個人狀況來調整。基於「不在孩子面前討論孩子的狀況」，因此有些治療師傾向先跟家長安排一個家長諮詢單元，以了解其疑慮，並取得孩子的家庭史，這讓他們有機會能自由地談論孩子。

　　在第一次與孩子一起的治療單元，治療師一般會由分享一些基本資訊開始，像是保密性、單元架構和諮商的作用，也會向孩子介紹遊戲室，而且通常會進行以評估孩子狀況為主的遊戲，這讓他們能更了解孩子。**一個單元通常是一個小時、一週進行一次，**大部分的治療單元架構與此相似，不過仍依孩子的需要而定。

　　我喜歡跟孩子解釋我是位遊戲治療師，就像是老師一樣，但跟老師會教國語或數學不同，我會教孩子如果生氣、傷心或擔心時要怎麼辦。我通常會將大部分的單元時間用於單獨和孩子互動，讓他們進行指導性和非指導性的遊戲活動，但我也經常會讓家長和孩子一同投身遊戲中，以幫助他們強化彼此間的關係或建立技能。家長是否參與遊戲，是依據孩子的需要以及治療目標而定，有些家長會參與大部分的治療單元，而其他家長可能不會。對治療師來說，十分重要的是要持續的和家長核對，提供家長適當的支持，也透過家長回報的情況來了解孩子的進展。

如何成為遊戲治療師？*

任何心理健康專家都能成為註冊的遊戲治療師（RPT），包含社工師、心理學者、心理健康顧問、藝術治療師、諮商心理師、學校輔導老師等。

取得資格的過程看似漫長，但是在此過程中，專業人員可以學習重要的治療技能。在美國，要獲得註冊，個人必須完成150個小時的遊戲治療培訓和課程，此外還要接受經過認證的遊戲治療督導累計35個小時的諮詢，並且完成350個小時的遊戲治療臨床實務時數。

---

* 依據「台灣遊戲治療學會遊戲治療專業人員認證辦法」（中華民國109年9月27日修正通過版），申請者必須為「具有碩士以上學位之心理師、精神科醫師等醫事人員或社工師專業證照者」，且具有「遊戲治療訓練經驗」、「臨床實務經驗」及「受督導的遊戲治療經驗」，始能取得「遊戲治療師專業認證」。其詳細規定之認證時數等相關要求，可至「台灣遊戲治療學會」網站查詢。

家長、兒童照護者在遊戲治療中的角色

在遊戲治療中，家長或照護者的角色十分關鍵。雖然遊戲治療師擁有專業的技巧和訓練，但他們絕不可能像你一樣熟悉你的孩子。因此，在治療開始時，治療師將依賴你提供的所有有關孩子的資訊，包含出生前和出生時的經過、孩子與他人的互動狀況（同儕、成人、手足）、孩子對不同情況的應對，像是吃飯、做作業和輸掉遊戲時會做出的反應等。

更具體來說，家長在制定處遇計畫（或治療目標）中，扮演了很重要的角色。對於制定治療目標，治療師通常會使用類似下列的問句：「你怎麼知道你的孩子已經完成治療了？」透過這個角度來過濾出治療目標，大部分的家長都能藉此找到核心問題並且了解他們希望看到什麼樣的改變。

常見的治療目標包含──提升情緒調節能力（能夠管理本身情緒狀態和情緒反應的能力）、增加自我安撫策略的知識和使用、提升自尊，或者更能夠控制衝動。也就是說，任何治療目標將依照孩子呈現出的問題來制定。舉例來說，如果孩子最近的惡夢和其創傷後壓力症候群有關，治療目標可能就是透過處理過去創傷事件的影響來改善其睡眠品質。

需要注意的是，就算家長在遊戲治療中扮演著重要角色，治療師還是會單獨與孩子進行許多次治療單元。許多孩子通常在家長面前會覺得需要表現得更好，讓孩子跟治療師單獨相處，可以免去他們在表達時仍需顧慮家長的壓力。但是，有部分的治療如果缺乏家長的直接參與，也將難以完成，在這種情況下，許多治療師會適當分配「孩子與治療師單獨進行治療單元的時間」以及「孩子需要和家人或照護者一起參與治療單元的時間」。兒童如果能夠與治療師建立起信任、牢固的關係，對於治療師提供孩子療癒工具將有更多的機會與可能性。當然，這個關係也絕不是為了爭奪或威脅親子關係而存在的。

我的孩子能從遊戲治療中獲益嗎？

事實上，每個人都可以從遊戲的力量獲得幫助！

儘管以遊戲為主的治療最常用於兒童，但它甚至可以為患有焦慮症、創傷相關症狀或情緒障礙的成年人提供治療性的療癒（不過，本書的適用對象為3～9歲的兒童）。

最終，任何需要心理健康支持的孩子都能從這種治療中受益。透過以遊戲為主的方法來處理常見心理健康問題，包括焦慮症、憂鬱症、注意力不足過動症、創傷後壓力症候群、依附障礙以及解離性障礙，或任何與心理創傷有關的症狀。

如果您認為您的孩子可能正受到這些問題的困擾，建議您最好尋求治療（請參閱第17頁「如何為孩子選擇遊戲治療師？」），而最快的方法可能是詢問孩子的兒科醫師，以獲得更多支援。

遊戲治療為何如此有效？

簡單而言，遊戲治療如此有效的原因在於，它符合兒童發展階段的需求。

遊戲是孩子藉以探索世界、與他人互動、表達需求、發展社交技能、解決問題、克服挑戰的自然途徑。遊戲根植於我們最原始的自我中，並能滋養我們的大腦和神經系統，而大腦和神經系統的發展，影響著我們上述能力的發展。

因此，遊戲治療也許能在其他形式的治療無法觸及的地方幫上忙。當兒童受到脅迫，他們的大腦就可能會跳到「保護」模式。莫娜·迪拉胡克在《行為不只是行為》* 提出其觀察，當兒童處於「大腦保護模式」時，他們就無法順利地思考，也就是大腦無法處理日常各種功能執行和任務管理（即使只是聽從指示和安靜坐著）。舉例來說，認知行為療法通常只涉及「思考的大腦」，但如果孩子無法讓「思考的大腦」運轉，那麼就沒有任何「思考」能跳出來幫助他們改變行為。而透過遊戲，能夠讓兒童「繞過思考的大腦」，讓他們能更直接地靠近內在的感受，並從這一點開始協助自己克服挑戰。

遊戲治療是一種根植於好玩有趣的互動的治療方法。在遊戲治療中，孩子常常是充滿笑容的，並會做出一些看似傻氣的舉動。它之所以是一種好的治療方法，不僅是因為俗話說的「一笑解千愁」，還有當孩子能夠做自己，不再因為自己的表現而感到壓力，並能對事情一笑置之時，他們就越能夠與他人產生連結。而當孩子能安然地與他人產生連結，他們就越能真正接觸到大腦中需要療癒的部分。

---

* 　見本書p.176「參考文獻」第5項。

如何為孩子選擇遊戲治療師？

　　如果你相信孩子可以從遊戲治療中獲益，那麼當你選擇治療師時，請考慮以下幾點。

1. **找到可提供遊戲治療的診所及治療師**：可至網頁http://www.atpt.org.tw/therapist了解，或以關鍵字「台灣遊戲治療學會」、「兒童遊戲治療」搜尋。

2. **選擇治療地點**：在忙碌的生活中，安排離家近的治療診所、治療師，可以替孩子和自己都省下不少麻煩。

3. **由你先見一見治療師**：在帶你的孩子去治療之前，請先安排一個初談的單元，這可以讓你有機會先了解一下這位治療師。在你與治療師見面時，請相信自己的直覺。此外，請讓你的孩子有權利表達意見，並在對治療感到不舒服時拒絕回診。

4. **你需要問的問題**：與治療師初步接觸時，儘可能將你認為需要詢問的問題都提出來。雖然每位治療師的治療方式都有些許不同，但了解他們提供的治療單元類型、單元的時長、單元的頻率，以及你和孩子需要一起進行治療單元的頻率等是必要的。

5. **初步了解治療師的能力**：詢問這位治療師是否經常治療與你孩子擁有同樣問題的孩子，你必定會想確定治療師擁有支持你和你孩子的能力。

6. **排定時間**：確定你列入考慮的治療師可以定期和孩子會面。治療一般在前期是一週一次，後期可能是從兩週一次到每月一次。

7. **費用**：由於不同治療師的會談費用各有不同，請試著找到一位你能支付長期治療費用的治療師。

第二章

打開遊戲治療的工具箱

　　在這個章節裡，我會簡單地介紹本書提供的遊戲活動，包括你和孩子可以從遊戲中獲得的好處、你需要準備的材料，以及進行遊戲時需要掌握的大原則。此外，雖然本書的活動都能增加你和孩子的連結感，但某些章節的活動會特別適合孩子的某些特定需求，你可以透過第21～22頁的表格初步了解。儘管你不是在對你的孩子進行正式的遊戲治療，了解不同類型活動的治療益處仍會對你們有所幫助。

我和孩子能從書中的遊戲獲得哪些幫助？

如同上述所説，本書並不能替代正規的治療，但可以幫助家長更有能力支持正在困難中掙扎的孩子。儘管本書中的活動，可能特別有助於在表達情感、控制行為、處理與創傷有關的症狀方面遇到困難的兒童，但也確實可以為所有3～9歲的兒童帶來益處。我相信，沒有人比你更了解你的孩子，你一定知道哪些活動最能滿足你孩子的需求，當然，如果你還有些不確定時，可以透過下一頁的表格來進一步了解。

本書的遊戲活動具有這些功能：

· 幫助加強家長與孩子的連結，這是改變孩子行為的第一步

· 幫助孩子更了解自己的內在狀態，因此更能夠辨識自己的情緒

· 增加孩子管理自己情緒的能力，學習接納、了解情緒

· 幫助孩子重新與天生的遊戲能力連結，這裡指的是自然的遊戲，而非3C產品中的遊戲。許多與我一同工作的家長告訴我，他們對於孩子已經開始想要使用手機、平板感到擔憂。孩子使用3C產品可能導致許多狀況，例如容易動怒、出現攻擊行為、容易抱怨、難以控制衝動，甚至對睡眠造成影響。本書的活動絕對是解除孩子對3C依賴的好方法

· 幫助孩子改善睡眠模式，更容易一夜好眠

· 促進家長與孩子間的溝通與親密感

· 加強孩子的社交技巧，如：與人溝通、合作、表達情感等

· 提升孩子解決問題和控制衝動的能力

- 提供孩子處理焦慮的技巧，並創造可能的成功經驗
- 增進孩子發展對於正念和放鬆技巧的基本了解

我該從哪一個章節的活動開始？

參考以下表格，可以幫助你了解能夠優先從哪一類遊戲開始進行。雖然這份表格提供明確的目標和活動的對應，但其實本書所有遊戲都直接或間接地有助你的孩子達成這些目標。

目標	活動
增加親子連結	所有章節
增加親子溝通的機會	第3、5、6章
增加孩子的問題解決技巧	第5、6、7章
提升孩子的衝動控制能力	第5、7章
降低生氣／情緒爆發的頻率	第3、4、5章
減少孩子的攻擊行為	第3、5、8、9章
減少孩子的焦慮症狀	第3、6、9章
提升睡眠品質	第8、9章
提升孩子了解與表達自己情緒的能力	第3、4、5、9章

目標	活動
減少孩子對3C產品的依賴性	所有章節
增加孩子的自尊、自信	第3、4、6、7章
發展孩子對內在狀態的覺察 （例如：可從身體狀態獲得內在 狀態的資訊，像是從「心跳加 速」→得知自己「緊張」）	第4、9章

關於遊戲活動的準備與規則

　　好的遊戲治療師會不斷增進自己專業領域的技巧與技術，並能夠運用不同的策略，以符合不同對象持續成長的需求。就我自己而言，我曾花費數年的時間參加訓練、上課、向這個領域的其他人取經、鑽研數以百計與兒童治療相關的書籍、雜誌和無數的文章。儘管我已成為一個遊戲治療的專家，但我發現，有些我最喜歡使用和最強大的技巧，是在治療過程中無意間的靈感，通常是孩子在治療過程中自己發明的。因此可以說，遊戲治療的工具箱是無窮無盡的。

　　本書中的治療技巧都有一個共通點，就是根植於「以兒童為中心」的架構。這代表兒童在活動中，是所有人事物的中心。當孩子處於平等的關係中，他們就能獲得在其他狀況下無法感覺到的力量感，這是治療關係中獨一無二的要素，讓孩子在治療當下能有足夠的自在感來滿足他們自身的需求。

　　本書中的活動，最重要的目的並非「治療」孩子，而是加強、塑造你與孩子之間的羈絆。這種羈絆會成為孩子能夠觀察、勇於體驗世界、面對更多挑戰的強大後盾。利用具趣味性的遊戲，孩子能自在地與他人開展關係。而當孩子能夠建立起這些健康的連結時，他們會更有能力管理、調節自己，並自在地參與他們所處的環境。

本書每項遊戲活動都包含以下要素

1. **活動簡介**：此活動對孩子有哪些幫助，以及該活動如何能達到該效果。

2. **遊戲材料**：此活動所需要的全部材料（本書假定你手邊已有紙和筆）。

3. **步驟說明**：詳細說明如何進行活動，以及如何讓你的孩子盡情投入此活動。身為最了解孩子的人，你可以視情況調整這些指示，讓你和孩子，甚至全家人都能玩得開心！

4. **遊戲提示**：在「這樣做更好玩」或「遊戲小提醒」的內容中，你可以找到更有趣的方式來吸引孩子參與遊戲，以及該遊戲的相關建議和（或）遊戲策略，以增強孩子的想像力以及彼此的連結感。

◎並非每個活動都適合每個孩子，部分遊戲更適合年齡大一些的孩子。

遊戲室需要的東西

在本書的許多活動中，除了親子一同遊戲之外，並不需要特意準備什麼。此外，不論是在治療環境或私人環境中，幾乎每個孩子都有把大部分的物品變成玩具的魔力。你將會發現孩子在許多活動都能盡情發揮與生俱來的想像力。

有些活動需要準備一些材料才能更吸引孩子參與。例如基礎美術材料、玩偶、廚房遊戲玩具和醫生玩具組。

本書使用的全部材料如下

- 枕頭
- 毯子
- 棉球
- 洗衣籃
- 白紙
- 顏料
- 麥克筆
- 彩色筆
- 蠟筆
- 小型白板
- 名片卡

- 小寶物
  （例如：橡皮筋、眼睛貼紙、串珠、漂亮的石頭、貝殼、塑膠吸管、鈕扣、絨毛球、葉子、繩子、牙籤、小橡皮擦）
- 骰子

- 醫生玩具組
- 玩具麥克風
- 廚房遊戲組
- 吹泡泡組合
- 動物模型
- 動物玩偶
- 泡泡糖
- 面紙盒
- 捲筒衛生紙芯
- 畫畫衣
- 桌巾

需要利用本書頁面的活動

　　有些活動會需要使用本書中的頁面來完成，像是以美勞為主的活動。本書會提供你和孩子需要的頁面空間，使你們可以直接使用以完成創作。其中一個例子是「這個聞起來怎麼樣？」（第90頁），你會和孩子一起在家中展開一場嗅覺探險，其目的在於促進孩子與嗅覺間的連結，書中留了一頁讓你和孩子可以記下你們聞到的東西；另一個例子是「捕夢網把噩夢抓走囉！」（第56頁），這個活動的目的是幫助孩子處理有關噩夢的擔心，書中提供了一個捕夢網範本圖，孩子可以用它來創作自身的捕夢網並塗上顏色。當然啦，如果你需要更多的空間，你可以先從本書的頁面開始，再增加其他需要的紙張來完成。

不需利用書本頁面的活動

本書大部分的活動都不需要使用紙本頁面。在這些活動中，你的孩子不需要寫下或創作任何東西，而是運用想像力、在家中四處探險，或者進行鎮靜舒緩型的活動，像是「大家跟我這樣做」（第78頁），以及「岩漿地板」（第85頁），在岩漿地板這個活動中，你和你的孩子要運用想像力和創造力，規劃穿越家中各個房間的路徑，就像家變成了一座叢林，而地面上覆滿了岩漿。在這類活動中，你和孩子會玩得非常開心，請好好享受在移動過程中，充滿創造力和親密感的連結吧！

另一些不使用書本的活動，能鼓勵你去挑戰你的孩子在遊戲當下遵守限制或探索改變的影響。例如「紅綠燈」（第124頁）這個經典遊戲，你可以用它來幫助孩子增進控制衝動能力。另外，在第8章的戶外活動以及第9章的引導放鬆技巧也可以幫助你的孩子學習開發與內在（例如對於情緒與身體的感受）產生連結的方法。

遊戲時，家長請遵守以下規則

1. **不要使用手機。** 在活動當中，最好不要有任何會讓你分心的事物。3C產品會減少你享受其中的樂趣。身為家長，為你的孩子示範健康的陪伴以及互動是至關重要的。

2. **練習快樂、輕鬆的進行活動。** 嘗試讓這段時間變得輕鬆自在，傻氣一點，往往能換得更多笑聲！

3. **讓孩子帶頭。** 儘量別對孩子做出任何管理行為，讓他們嘗試帶領活動。如果他們想要改變活動規則，或是用不同的方式進行也沒關係（目的在讓他們練習控制衝動的遊戲類型除外）。遊戲可以激發創造力，一些最棒的活動都源自這種火花時刻。

4. 將注意到的事描述出來。當你全神貫注並與孩子一起玩耍時，請練習說出你的觀察結果，包括他們的面部表情、他們如何移動身體等。孩子才會知道你是如此全心投入與他們一起。

5. 儘量不要重新引導。設定界限很重要，尤其是為了安全起見，但是如果你的孩子不想做特定的活動，或者沒有準備要做某件事，那麼不斷地重新引導或糾正他們將無濟於事，也會增加所有參與者的挫敗感。

6. 安全第一。健康、積極參與活動的關鍵要素是安全。如果我們感到安全，我們就可以與周圍的人保持連結。請思考如何在使用本書時，能夠讓你的孩子身心都感到安全。

7. 保持冷靜。如果身為家長的你感到不知所措，則無法在遊戲中建立健康的連結。如果我們處於焦躁不安或憤怒的狀態，同樣無法使失控的孩子平靜下來，也無法使孩子的症狀趨緩。可以先花點時間做些別的事，像是離開現場一下下、深呼吸，甚至你可以對孩子說：「我現在不太舒服，我需要先讓自己冷靜下來，我才能幫助你冷靜下來。」

第三章

連結遊戲

　　兒童會以他們與主要照護者（通常是家長）的早期關係，來詮釋他們往後所經歷的世界。發展心理學家貝姬・貝利（Becky Bailey）在其著作《I Love You Rituals（暫譯為：我愛你的儀式）》中提出其觀察：我們出生後的最初幾年，和家長或主要照顧者的依戀（也稱「依附」）關係，會在我們內在創造出一種內部路線圖，這種內部路線圖會主導我們未來在各種關係中的體驗，例如競爭關係、友誼關係、伴侶關係等。

　　雖然本書大多數活動都能支持與強化親子連結，但本章的活動特別聚焦在最重要的「羈絆」上，這個羈絆會決定我們最初的「內部路線圖」該怎麼畫。但，如果你注意到和孩子的關係持續緊繃，已經影響到你與他們建立連結的能力，或者影響了他們尋求你支持的能力，請尋求治療師的支援。

本章以及其他幾個章節的部分活動的靈感皆來自「關係療癒遊戲（Theraplay）*」。這種遊戲治療取向誕生於1960年代，正是用來協助建立並強化親子間的依附連結。根據《以關係療癒遊戲育兒（Parenting With Theraplay）》一書，家長在孩子的整個治療中都必須以遊戲的方式與孩子連結，這些遊戲的目的在於透過家長的參與、連結與滋養，來幫助孩子提升自我價值感，亦即孩子能對自身有更好的感覺，從而更有自信、更能夠自我控制。

　　我採納「關係療癒遊戲（Theraplay）」的概念，並撰寫出這本書，希望能夠讓親子在沒有治療師指導的情況下，也能快樂、輕鬆、方便地運用本書。

---

*　　此遊戲治療取向尚無中文譯名，此為暫譯。

抱抱時間

　　此遊戲目的在於提升孩子的正面情緒。當孩子經驗到健康且安全的撫觸，孩子的大腦會分泌出「催產素」——一種可以產生愛和連結感的荷爾蒙。因此，當我們越常給予孩子安穩且滋養的擁抱，孩子和我們就越能建立正向的依附。

1. 開始時，先讓孩子在你的大腿坐好。

2. 用雙臂緊緊抱著孩子，同時嘴裡唱出這首《抱抱歌》（用〈倫敦鐵橋垮下來〉的調子唱）：

　　　　安全抱你在我懷
　　　　在我懷，在我懷
　　　　我喜歡你緊緊抱
　　　　緊緊抱～

3. 當你抱著孩子時，邊唱邊與他們相依偎，並且輕柔地搖晃，像他們還是小寶寶時一樣。

這樣做更好玩：這個遊戲**很適合在睡前進行**。可以躺在孩子的床上邊緊緊抱著他們、邊唱這首《抱抱歌》。

歡笑爆米花

　　餵食是我們最早與孩子產生連結的方式之一。在一個生命初生時，餵食行為是直接與愛和滋養緊緊牽繫的。我改編的餵食遊戲，是以上述觀點發展而來，並具有療癒性，透過充滿歡笑的餵食體驗，來協助你和孩子建立連結。

材料：適量的爆米花

1. 從準備好吃的爆米花開始。選擇一種適合孩子吃的爆米花。

2. 和孩子面對面坐下，將一碗爆米花放在中間。現在決定誰是「笑的人」、誰是「回應的人」。

3. 如果你是「笑的人」，請發出你覺得最搞笑的笑聲；如果你是「回應的人」，請儘量模仿那個搞笑的笑聲。

4. 在「回應的人」模仿完搞笑的笑聲之後，要等到「笑的人」停下不笑時，再把一顆爆米花放在「笑的人」的嘴巴裡（這樣才不會嗆到）。

5. 你和孩子輪流當「笑的人」和「回應的人」，務必每一次都將爆米花放到對方的口中。

遊戲小提醒：請注意，在任何與餵食有關的遊戲中，不得把食物當作好行為的獎勵品，孩子一定要在輪到他們當「笑的人」的每一次，都能獲得一顆爆米花。請記住：餵養是與愛密切連結的，因此，在連結遊戲中，扣留食物的行為是無法創造出愛、歡笑和連結感的！

一起躲進毯子堡壘

　　人們健康發展的關鍵之一便是碰觸。兒時的我們特別需要與照顧者有相互依偎的機會，以獲得安全感，即便是長大成人，身體的連結仍為我們生存所需。這個遊戲不僅簡單、有趣，還能夠協助你和孩子建立親密感、增加孩子的自我價值感。

材料：數張椅子和毯子、幾個枕頭、絨毛玩偶、孩子最愛的一本書

1. 先讓你的孩子願意加入這個有趣的打造毯子堡壘任務。

2. 將椅子當作邊牆，將毯子搭在椅子上方做出屋頂的樣子。

3. 在堡壘內部塞些枕頭、毯子和孩子最愛的絨毛玩偶。

4. 拿出孩子最愛的書。

5. 一起依偎在堡壘中讀這本書。

這樣做更好玩：如果可以，把燈關掉，在堡壘中放入手電筒照明，感覺就像在自己的家中進行露營冒險！

今天在學校好玩嗎？

　　有時候我們會察覺孩子有心事，像是問孩子：「今天在學校好玩嗎？」卻只收到一個簡短的回應。這個活動的目標在於，幫助你和孩子增加更多對話的機會。請孩子找出他們一天中覺得精彩和低落的部分，以此開啟對話，會有助於你更深入理解孩子。

1. 開始時，要孩子分享他們一天中精彩的部分。如果他們說不出來，給他們一些引導，例如可以談談：

   a. 他們覺得興奮的時刻。
   b. 他們完成了之前一直很難完成的某件事。
   c. 他們覺得很好吃的食物。

2. 在你的孩子分享精彩的部分之後，以他們可能會有的感受作為回應。像是：「今天在體育課玩老鷹捉小雞，感覺很刺激吧！」

3. 接著，請你的孩子分享他們一天中較為低落的部分。如果他們說不出來，給他們一些引導，像是：

   a. 他們覺得功課很難的時候。
   b. 他們覺得失控的時候。
   c. 他們覺得受傷的時候。

4. 在你的孩子分享他們一天中低落的部分之後，以他們可能會有的感受來回應他們。像是：「你的朋友沒有選你當組員，你一定覺得很困惑。」

這樣做更好玩：這個遊戲最適合**在放學回家的路上**進行。另一個讓孩子參與這類連結活動的好時機是**在睡覺前**，可以引導孩子反思這一天發生的事。

握手密語

　　這個活動透過創造小祕密、特殊的握手方式來強化你和孩子的連結。試著每天運用這些只有你們知道的儀式，孩子會感覺到自己的獨特性和重要性！

1. 和孩子一起想出一個祕密握手手勢。

2. 輪流增加不同的手勢，像是擊掌、拍手或手指舞。

3. 做手勢的時間要夠長，讓孩子能確實感受到，但也要夠短，好讓你們都能記得住！

這樣做更好玩：在孩子要做行程轉換之前使用握手密語，例如**早上要去上學之前，或是晚上睡覺前。**

抱抱捉迷藏

　　這個活動從我們熟知的捉迷藏遊戲變化而來，是許多孩子都喜歡的經典遊戲！它不需要準備任何材料，只要你和孩子帶著一顆遊戲的心，孩子們會從中獲得安全感，知道即使在你們無法看到彼此的時候，家長也總是會等在那裡且期待彼此重聚。

1. 開始遊戲時，先決定誰是要躲藏的一方，誰是要捉人的一方。在這類遊戲中，最好讓孩子來領頭，讓他們決定誰先藏、誰先捉。

2. 要捉人的人，先從1大聲數到10，讓另一位有時間藏起來。

3. 在數到10之後，大聲說：「不管你準備好了沒，我來囉！」

4. 當你在尋找小孩躲在哪裡的時候，記得邊找邊大聲說：「我現在在客廳找你囉，希望你在這裡！等我找到你，我要給你一個大抱抱哦！」

5. 當你找到孩子時，對重聚表達出十二萬分的高興，就好像你好久沒見到他一樣：「哇！我又見到你了，好開心！我就知道我會找到你。我喜歡我們待在一起！」

遊戲小提醒： 根據孩子的年齡，要留意藏身之處。面對較小的孩子，你可以試著藏在比較顯眼的地方。本遊戲的目的在體驗重聚的快樂，你不會想要孩子為了找到你而承受太大的壓力！

魔法毛球彩繪

　　這個活動的目的在於強化孩子的自我價值感，讓孩子知道無論如何，他都值得你的關愛和照顧。當我們可以在孩子開口要求之前，就給予他們所需要的滋養，或者孩子能感受到我們並非依據他的表現來決定給他多少愛時，就能提升自我價值感。

材料：各種顏色的毛球

1. 跟孩子說明接下來你們將運用想像力在彼此的臉上作畫。

2. 決定誰先當畫家，另一個人則當畫布。

3. 如果你是畫家，現在將你的想像力魔法灌注在不同顏色的毛球上，利用毛球在對方的臉上作畫。

4. 如果你現在是畫布的角色，想想你待會想要畫些什麼，例如蝴蝶、獨角獸、超級英雄或老虎，什麼都行！記得提醒你的孩子，他擁有最棒的繪畫才能！

5. 和孩子輪流將彩色毛球當作畫筆，透過將毛球輕拂過另一個人的臉上、畫出你的設計。

這樣做更好玩：請盡力向孩子說出你正在做的事，包含你正在使用的顏色，以及你要畫在什麼地方，例如：「現在我要用漂亮的粉紅色，在你的臉上畫一對蝴蝶翅膀！」

點心彩繪

　　這個遊戲結合了創作的樂趣、創造力和餵食行為。在遊戲中,你與孩子將使用你們挑選的點心,為下一頁的圖片「著色」。在你們開心將點心與圖片連結起來之後,再一起把運用到的點心餵給彼此,雖然有點傻,但你們會樂在其中!

材料:不同顏色的點心

1. 讓你的孩子從下一頁的圖片中選出一個來開始「著色」。

2. 一起在廚房尋找不同顏色的點心,來為圖片著色。例如:找出綠色的點心為恐龍著色。

3. 讓孩子將不同的點心「放置」在他們選擇的圖片上,就好像用這些點心為圖片著色一樣。

4. 完成圖片的「著色」後,將你們用來著色的點心一口一口輪流吃掉吧!

遊戲小提醒:「愛、連結感、依附關係」與「餵食行為」息息相關,因此,在有包括餵食的遊戲,請勿扣留任何在過程中用到的點心,為此,也需留意只提供你放心讓孩子吃下肚的食物來進行這個遊戲。

比賽高潮

　　這個遊戲結合了關係療癒遊戲（Theraplay）中的「追蹤」技巧，目的在於培育並強化你與孩子的連結。想像你是位運動播報員，而你的孩子正在進行他職業生涯中的一場關鍵比賽。試著利用聲音傳達你的熱情，就好像孩子即將拿下這場比賽的MVP，或者他是這場比賽的致勝關鍵！你表現得越開心，你和孩子也會感覺越親密。

材料：玩具麥克風（沒有也沒關係）

1. 你可以在孩子正在玩的任何遊戲中，搖身一變成為「運動賽事播報員」。很多家長都喜歡在他們孩子很認真進行某件事的時候這樣做，因為這會讓孩子感到備受重視，但又不至於有壓迫感。

2. 握住玩具麥克風（如果有）並開始你的運動播報，例如：「婷婷拿到球了，她想要傳球，但不知道要傳給誰。她深呼吸了一下，噢，就在這時候，她把球踢給了老爸！哇！她知道要怎麼做！」

3. 持續追蹤孩子在遊戲中所做的。相信在整個遊戲中，你的聲音自然會充滿活力！

這樣做更好玩： 許多孩子都超愛這個遊戲！當你在「播報」時，詢問你的孩子待會想做些什麼事，讓他們在進行其他活動時，也能享受你的「播報」。

花園在哪裡？

　　這個遊戲的靈感來自發展心理學家貝姬‧貝利的著作《我愛你的儀式（I Love You Rituals）》，透過歌曲與溫柔的觸碰來與你的孩子產生連結。我加入了繪畫的元素，加深孩子的感官體驗。

材料：無毒手指畫顏料、臉部顏料和（或）任何麥克筆

1. 選擇一項你覺得可以用在你孩子臉上的顏料——任何無毒顏料或麥克筆都可以。

2. 慢慢在孩子的手背、臉頰、手臂、腳上畫上花朵圖案。你在一邊畫花朵圖案的時候、一邊唱歌（可套用〈小星星〉的曲調），並在歌曲裡加入孩子的名字：

> 一朵一朵好美麗，
>
> 滿園都是小〇〇（孩子的名字），
>
> 滿滿花朵好美麗，
>
> 好像許多小星星，
>
> 一朵一朵好美麗，
>
> 滿園都是小〇〇（孩子的名字）～

這樣做更好玩：多唱幾次，也在孩子的腳趾頭畫上花朵吧！

眼睛，晚安；肚肚，晚安

　　睡前時光是孩子一天中的重要時刻之一。睡前的感受，會影響我們入睡的模式和夢境，甚至影響隔天的情緒。許多家庭到了上床時間往往兵荒馬亂、狀況百出，可能是孩子無法自行入睡、害怕做惡夢，或者總是反抗、嚷著不想睡覺。在孩子睡前加入一個簡單的過渡活動，就有助於度過這段艱難的時刻。這個活動源於《我愛你的儀式（I Love You Rituals）》一書，不過我稍微調整過，讓它變得更好玩，還增添了一點傻氣的趣味。

1. 首先，跟你的孩子說，你想要跟孩子身上的每一個部位說晚安，因為你愛他們身上的每個地方！

2. 你將觸碰孩子身體的各部位，向身體的各個部位說出愛的晚安。當你向每個身體部位說晚安時，請加上溫柔的觸碰和輕柔的按摩（請先確認你的孩子喜歡這種觸碰方式）。

3. 從孩子的頭髮開始，請一邊說著像是：「頭髮晚安，又捲又柔的頭髮。」然後溫柔地輕觸孩子的頭髮。

4. 接著對孩子的眼睛、耳朵、鼻子、臉頰、脖子、肩膀、手臂、手掌、手指、肚子、腿和腳，到腳趾頭都道晚安。

遊戲小提醒：在你對孩子身體的某部位表達愛意時，記得直視該部位，千萬別心不在焉。以滿懷愛意的眼神看著每個部位。

藏棉球

此活動來自著名的關係療癒遊戲（Theraplay），並經過部分調整。這是一個小規模的尋寶遊戲，很適合用於當你想要與孩子建立連結，而不透過大量的身體活動時，例如：需要安撫孩子情緒、好讓他們入睡的時候。

材料：棉球（可在藥局購得）

1. 跟孩子說明你想要玩一種新的尋寶遊戲。

2. 給孩子一個棉球，並要求他們藏在他們身上某個地方，此時你會轉過身並把眼睛閉上。

3. 在孩子藏好棉球後，你會在他們身上到處「看」，好找到棉球！

這樣做更好玩：如果不是在睡前時間玩，除了棉球，也可以給你的孩子一顆糖果好藏起來。在找到糖果之後，可以和孩子一起吃糖果，請孩子特別去感受它聞起來、嚐起來的味道！

找找看不見的傷口

多數孩子在與手足、同儕或其他成人相處出現困難時，那些不舒服的感覺，可能會造成孩子無法被看見的傷口。這個活動是我向一位同事取經而來，目的在於當孩子內在有所掙扎，卻又不知該如何表達時，我們可以用以下的方式來同理孩子，同時還能強化親子間的連結。

材料：緞帶

1. 問問孩子對今天一天有什麼感覺。

2. 不論孩子回覆是好或壞，詢問他們是否有任何「沒有被看見的傷口」。我們可以對孩子這樣說：「生活當中，有很多人都受過別人看不見的傷，就像有時候我們會感覺難過，或是失望。我們的內心會受傷，有時候我們會覺得沒有人可以說。」

3. 向孩子提議，將緞帶綁在身體任何一個可以幫助他們看不見的傷痊癒的地方。

這樣做更好玩：使用像是「假如你看不見的傷口可以說話，它會跟我說什麼？」這樣的問法來詢問孩子，這可能幫助你的孩子更順利地表達出內心受的傷。

記憶雕像

　　這項活動屬於輕鬆的記憶挑戰，用來增強親子間的連結，並幫助孩子提高自尊。家長與孩子玩在一起的時間越久，孩子就會越喜歡自己，因為他們得到你充分的關注。

材料：帽子、圍巾、衣服等數個用來打扮的東西（數量、項目不限）

1. 遊戲開始時，先跟你的孩子說明這項遊戲的玩法。

   a. 一個人擔任「雕像」，另一個要負責記憶。如果你第一個當的是雕像，你要像個雕像一樣靜止不動，同時另一個要假裝使用腦中的相機，將你現在的樣子拍下來。接著假裝用相機拍下來的人，要先離開這個房間，而扮演雕像的人則改變外觀的一個小地方。接著另一個人再度回到房間，就是運用記憶力的時候，試著找出雕像有什麼改變！

   b. 雕像的改變可以是較明顯的，像是戴上帽子、圍巾或用來打扮的其他東西，或比較不明顯的，像是稍微改變一下站的姿勢。

2. 切換角色，並輪流幾次，直到孩子玩得盡興為止。

這樣做更好玩：別忘了！這個遊戲的真正目的是讓你將注意力放在孩子身上，而不是考倒孩子！儘量以好玩的方式將你注意到的地方說出來，包含改變和沒改變的地方，像這樣：「噢！很好，你的眼珠還是一樣是黑色的……嗯，那一定是你的帽子換囉！」

第四章

繪畫、手作 與音樂遊戲

　　本章以美勞、創作、音樂遊戲為主，這類活動可以活化孩子腦部處理情感的區塊，有助於辨識與調節情緒、自我表達，以及增進與他人的連結。

畫 出 你 的 世 界

　　這項活動是理解孩子如何看待世界的好方法。請記得，這項創作無關對錯，許多因素都可能影響孩子詮釋自己世界的方式，例如他們當下的發展階段、家庭結構、性格以及生活經驗，請試著接納、包容每個孩子的差異性。

材料：蠟筆、彩色筆、其他顏料（此項沒有也沒關係）

1. 請孩子在下一頁畫出他的世界，這幅創作裡可以包含家人、朋友、學校裡的人、喜歡的場所及喜歡做的事。孩子世界中的一切都可以畫在這裡！

2. 請確保孩子明白，畫出自己世界的方式沒有對錯。

3. 使用任何繪畫工具、色彩，或創造出任何圖像，讓孩子在下一頁畫出他的世界裡最具有代表性的人事物吧。

這樣做更好玩： 假如孩子並不喜歡畫畫，或是不滿意自己的繪畫能力，可以改從雜誌或報紙等剪下（或上網搜尋並印出）他需要的圖像，幫助孩子拼貼出他的世界。

我畫你，你畫我

　　這項活動有助於你了解你與孩子看待彼此的視角。了解孩子可能的感受、他們對你的感知與理解，這些都很重要，而更重要的是，了解你自己是如何感知、理解孩子的。

材料：蠟筆、彩色筆、鉛筆、白板、白板筆（最後三項沒有也沒關係）

1. 請先為孩子準備好他所喜歡的著色材料。

2. 邀請孩子一起來玩一個搞笑的畫畫遊戲，盡力就好。如果孩子對自己的畫畫能力不太有信心，請讓孩子先開始畫，並鼓勵他。

3. 請你坐在孩子的對面，讓孩子扮演課堂上的美術大師，而你是他的模特兒。

4. 請孩子在下一頁把他所看到的你畫出來，如果有準備白板，也可以直接畫在白板上。

5. 孩子畫完時，請試著使用以下類型的表述，例如：

   a. 我有注意到你把我的頭髮塗上了○○色（表示你對孩子的關注）。

   b. 你把我的手臂畫得好長，這樣我就可以把你抱得緊緊的（提及你想對孩子表達愛的行動）。

6. 當孩子畫完你的畫像後，換你為孩子畫一幅畫像，同樣畫在下一頁。

7. 完成後，請對孩子說出你喜歡的他的特質，例如：

   a. 我畫了你溫柔的眼睛。

   b. 我把你善良的心也畫出來了！

這樣做更好玩：如果孩子非常好動，無法好好坐著進行這一項活動，請改為使用小白板或其他紙張，並設定計時器，例如在兩分鐘內，你和孩子要同時畫出對方的畫像！

驚 喜 畫

　　生活中的一點小改變，有時就能毀了孩子的一天。這項活動以平靜且帶點趣味的方式，幫助孩子學習處理預料之外的情況。請和孩子一起創作一幅驚喜畫，用帶點趣味的方式，幫助孩子感受自己能夠掌控變動或意外的感覺。

材料：名片卡、帽子或碗、空白紙張、繪畫用品（如蠟筆、彩色筆、顏料、色鉛筆，選擇方便準備的即可）

1. 在名片卡上寫下各種不同項目，這些項目將會是你與孩子一起嘗試畫出的內容。可以包括：狗、窗戶、房子、蘋果、天空、獅子等，一起思考你們想要一起畫的內容！

2. 將名片卡對折，並放入帽子或碗中。

3. 輪流從帽子（或碗）裡抽出卡片，每當抽出一張卡片，試著和孩子一起在紙張上畫出卡片上的事物。

4. 儘管所畫出來的事物在現實世界可能不會同時出現，例如：房子裡有獅子。儘量讓用這些事物完成的圖畫有些許整合性。

這樣做更好玩：畫畫的同時，可以和孩子一起嘗試編出搞笑的故事，說說看為什麼這些事物會出現在同一個地方。請記得，玩遊戲時一起大笑是很重要的！

來組個家庭樂團吧！

這項活動的目的很簡單，就是一起製造出「聲音」。音樂是能夠有效活化腦部表達區域的療癒工具，當我們投入並享受音樂，就能提升調節情緒的能力。和孩子們盡情享受創造聲音的過程吧！

材料：

空的面紙盒	捲筒衛生紙芯	膠帶
橡皮筋	不易破的紙張	生的豆子

1. 和孩子一起準備以上列出的材料。

2. 將數條橡皮筋綑在空面紙盒上，並確保橡皮筋綑在面紙盒的洞口處，待會撥弄橡皮筋就會出現樂音，就像在彈吉他一樣。

3. 將捲筒衛生紙芯的一端用紙蓋住，再以膠帶貼牢，中間放入生的豆子（紅豆、綠豆等），再用紙和膠帶將另一端封起，搖一搖測試聲音，就完成了一個沙鈴。

這樣做更好玩：打造一個家庭樂團吧！請依照家庭成員人數製作樂器數量，並使用自製的樂器，創作一首和家庭有關的趣味歌曲。

自製香香培樂多黏土

　　許多家長告訴我，他的孩子老是在做白日夢，不然就是動不動就分心。本活動透過嗅覺的引導，運用好聞的氣味幫助孩子穩定心神、變得專注。在這項活動中，你可以使用這份令人心情愉快的自製香香黏土配方，為孩子打造強烈又正面的感官體驗。

材料：

中筋麵粉 540g	水 360ml	食用油 30ml
鹽 70g	食用色素（沒有也沒關係）	大碗
塔塔粉 30g	自選精油 10至15滴	

1. 在一個大碗中，加入麵粉、鹽以及塔塔粉，混合均勻。

2. 於鍋中加入水，滴入食用色素，直到調出滿意的色彩，接著滴入精油與食用油。

3. 將步驟1混合好的東西加入步驟2的鍋中，並攪拌均勻。

4. 以中小火加熱，並視需要隨時攪拌，加熱到材料的水分收乾、成團後，再將黏土由熱源移開並放涼。

5. 黏土放涼後，揉捏3至5分鐘，以揉到黏土變得柔滑濕軟為主。

6. 儘量讓孩子以趣味的方式運用黏土，捏出有趣的動物、雪人、或是他最喜歡的「一道菜」！

這樣做更好玩：讓孩子和你一起「煮黏土」！讓孩子參與製造黏土的過程，可以讓孩子負責簡單的步驟即可，有助於幫孩子建立自信。

一分鐘畫畫

　　這項活動是我從一位同事那裡學到的，他曾參加The Encouragement Zone創辦人Terry Kottma博士的遊戲治療研習會。我會將這項活動用在當孩子經歷某些困難，但卻難以用言語表達的情況。讓孩子透過快速地畫畫，以釋放壓力。這個活動可以開啟親子的溝通，當想要聊聊孩子今天過得如何、或是想知道關於孩子可能遇到的問題時都很適合使用。

材料：計時器、白板、白板筆（沒有也沒關係）

1. 告訴孩子他可以畫一幅畫來敘述今天發生的事，但是只有一分鐘的時間（如果沒有白板，可以改用紙張和鉛筆）。用以下句子來引導孩子的繪畫：

   a. 在一分鐘內把你今天最喜歡的部分畫出來。

   b. 在一分鐘內把你今天情緒很強烈的時候畫出來，例如很生氣、很傷心、很開心、很興奮的時候。

   c. 在一分鐘內把今天吃午餐時印象深刻的事畫出來。

2. 提醒孩子，沒有人可以在一分鐘內就畫得很好，不用擔心。

3. 啟動計時器時要記得宣布，並在最後五秒時倒數。

4. 孩子畫完時，請和孩子互換角色。

這樣做更好玩：假如你有不只一個白板，可以讓更多家庭成員一起玩！等時間到了之後，一起分享創作。

捕夢網把噩夢抓走囉！

不少家長都曾經向我表示孩子有睡眠問題，例如作噩夢、睡眠退化*等。這個活動是和孩子一起做一個用來抓住噩夢的捕夢網，很適合用於處理孩子的睡眠焦慮問題。

材料：繪畫用品（如蠟筆、彩色筆等，選擇方便準備的即可）

1. 哄孩子上床睡覺前，告訴孩子你將會協助他有個好夢。

2. 說明夢境只是我們的大腦理解生活的一種方式，夢境不是真的，也不會真的傷害到我們。

3. 一邊讓孩子在下一頁的捕夢網上著色，一邊對孩子說捕夢網的小故事（內容摘自DreamCatcher.com）

   > 從前有個部落認為，人都會作夢，有好的夢，也有壞的夢，好的夢和壞的夢在空中飄來飄去、尋找著主人。捕夢網就像是夢的過濾器，當噩夢接近你，它會注意到，並幫助你睡得安穩。

4. 當孩子為捕夢網著色時，請他們想想，今天一天中，有哪些美好的事情是他們想要夢見的。

這樣做更好玩：若是孩子的睡眠問題真的很嚴重，請把捕夢網掛在他的床上。哄孩子入睡時，和孩子輪流對捕夢網說出當天晚上希望擁有什麼樣的夢，把它當作是睡前儀式的一部分。。

---

* 「睡眠退化」是指孩子不容易入睡的各種情況，例如在晚上睡覺的時間不願睡覺、半夜常常醒過來、白天不願意小睡等狀況。

煩惱瓶

　　無論是大人或小孩，都可能會經歷被煩惱或焦慮給吞沒的感覺。孩子的煩惱從「擔心作業寫不出來」到「害怕一個人走進黑漆漆的房間」都有。這個活動是透過和孩子一起製作「煩惱瓶」，讓他們明白每個人都有擔心的事情，這可以幫助孩子試著與煩惱共處、克服焦慮。

材料：有蓋的瓶子、色紙、彩色筆

1. 向孩子說明你們要一起製作一個家庭煩惱瓶。如果可以，邀請所有家庭成員一起裝飾瓶子。

2. 將色紙剪成條狀。

3. 請孩子在紙條上一一寫下自己的煩惱，並將它們投入瓶子。注意，除非孩子自願分享煩惱，否則請不要強迫他們分享。

4. 很重要的是，家長也需要對孩子誠實地分享自己的煩惱（內容必須適合孩子的年齡），這會使孩子知道有擔心的事是正常的。例如我們可以說：今天似乎路上塞車很嚴重，但我們得出門，這讓我感到擔心，雖然我知道花多一點時間也沒關係，因為我們最後還是能順利到達目的地。

5. 煩惱逐一寫完後，把它們都關在瓶子裡！告訴孩子煩惱都被關起來了，他們不需要再一直想著這些事了。

這樣做更好玩：把煩惱瓶放在每個家庭成員都能隨時取得的地方，當你發現煩惱開始干擾孩子時，就請孩子寫出煩惱，並丟進煩惱瓶裡。

勇敢之歌

　　以歌唱表達對孩子的愛與讚美，也是一種能創造連結的好方法，因為歌唱正是我們最初與孩子溝通的方式之一（像是搖籃曲）。這種改編經典歌曲的手法，是我受到《我愛你的儀式（I Love You Rituals）》一書所啟發，在關係療癒遊戲（Theraplay）中十分常見。在我成為一位母親之後，也開始對我的女兒唱這首〈勇敢之歌〉，並且將歌詞微調成更適合我們的版本。

1. 抱著孩子並彼此對望，開始唱這首歌（曲調套用〈小星星〉）：

> 一閃一閃亮晶晶，多勇敢的孩子啊！
>
> 柔軟黑髮圓臉頰，黑色眼睛眨呀眨。
>
> 一閃一閃亮晶晶，多勇敢的孩子啊！

2. 適當調整歌詞以更符合孩子的情況。

這樣做更好玩：每當孩子需要被激勵時，就對他唱這首歌，選擇最適合孩子的形容詞，例如美好、特別、聰明、貼心等。

挑戰之歌

　　幫助孩子戰勝困難的其中一種方式，就是把當下的狀況以有趣、輕鬆的方式呈現，運用簡短的歌曲，就可以讓困難的時刻變得刺激有趣，進而提升孩子的抗壓性。

　　這個點子其實來自我的童年，我的母親常會在行程轉換階段或因為孩子感到頭疼的時候唱歌，例如，她編過一首提醒全家在出門前上廁所的歌。當然，我不記得小時候被訓練自己上廁所的那段日子，但是我記得每次媽媽唱起這首歌時的歡樂感受。通常在我們出門的前幾分鐘，我母親想要我和姐姐再上一次廁所時，她就會唱起這首歌。

1. 開始時，先回想為人家長的過程中，是否有經常讓你覺得頭疼的時刻，例如得趕快讓孩子穿好外套、鞋子，以免上學遲到的時候。

2. 在那些時刻變成你與孩子的折磨之前，先明確地給出指示，例如：婷婷，我需要你把你的外套穿上。

3. 接著改用趣味的語調，把接下來的步驟唱出來（曲調套用「當我們同在一起」）：

　　　　把我們的外套穿好，穿外套，穿外套。

　　　　把我們的鞋子穿好，然後準備上車。

4. 用像是舞台旁白的方式促使孩子接下去：下一句要唱什麼呢？你要唱嗎？

5. 輪流編出讓孩子穿外套、穿鞋子、拿背包等等的挑戰之歌。

這樣做更好玩：遊戲一開始就要給孩子明確的方向，孩子才會知道他們需要一起完成任務，讓行程轉換階段或令人頭痛的時刻轉變為音樂體驗，給予孩子「壓力時刻也能轉為開心時刻」的印象。

鏡子裡的祕密留言

　　孩子和大人一樣，經常得面對針對自己的負面訊息，無論這些訊息是來自同儕、媒體，或是因為面對困難所產生的，有時候孩子就是很難相信自己夠好。也有時候，因為忙碌難熬的生活，我們忘了提醒孩子他們所擁有的美好特質。鏡子留言是以一種有趣的方式，讓孩子知道他們仍有許多特質值得被欣賞與喜歡。

材料：白色蠟筆、水彩

1. 在下一頁的空白處用白色蠟筆寫下孩子身上你所欣賞的特質，可以使用簡單的形容詞或幾個短句，例如很貼心、很聰明、是一個好哥哥等。在頁面上盡可能寫下**所有**你想得出來的特質。

2. 寫完之後，請鼓勵孩子自由地把水彩塗在下一頁。

3. 水彩會揭露你的祕密訊息，在文字逐漸變清晰的過程中，請看著孩子的眼睛，並把文字讀出來。讓孩子參與這樣的活動，能夠提升他們的自信。

這樣做更好玩：針對你所寫出的每項美好特質，請舉出實例說明孩子展現出這些特質的時刻，來強化你的讚美。例如，我知道你是個好哥哥，因為你教會弟弟投籃！

情緒毛毛臉

　　我們該讓孩子知道，擁有各種情緒是很正常的事，並且，我們要以身作則，敞開心胸接受情緒、表達感受。如果我們逃避自己的情緒，可能會誤導孩子應該要為自己的情緒感到羞愧，這可能導致孩子未來會傾向極端地看待某些經驗。這項活動的目標是給你和孩子一個機會，進行好玩的情緒探索，在過程中，家長需要分享自己的感受，請務必誠實，但是分享的內容必須適合孩子的年齡。

材料：多種顏色的不織布、剪刀

1. 讓孩子用不織布剪出各種可以表現不同感受的五官的樣子。

2. 例如剪出快樂的眼睛、生氣的眼睛……，還有眉毛、嘴巴、頭髮等各種能讓面部表情更生動的小物件。如果孩子還不太知道該剪出什麼樣的五官形狀，可以藉由對彼此做出不同表情來引導孩子理解。

3. 和孩子輪流把剛剛剪下的表情物件，擺放在下一頁的空白臉孔上，創作出不同的表情。

4. 創作臉孔的同時，試著說明這張臉正在表達什麼情緒，並且分享曾經在什麼時候有這樣的感受。例如：這是一個表示「生氣」的表情。昨天晚餐我把魚煎焦了，我很努力想要準備一頓美味的晚餐，結果那條魚把一切都毀了。我超級生氣的。

這樣做更好玩：也可以透過不公開、不說明情緒的方式，和孩子輪流製作情緒毛毛臉，為遊戲增加驚喜與挑戰。展現做好的毛毛臉時，看看彼此是否能猜出這張臉的情緒。

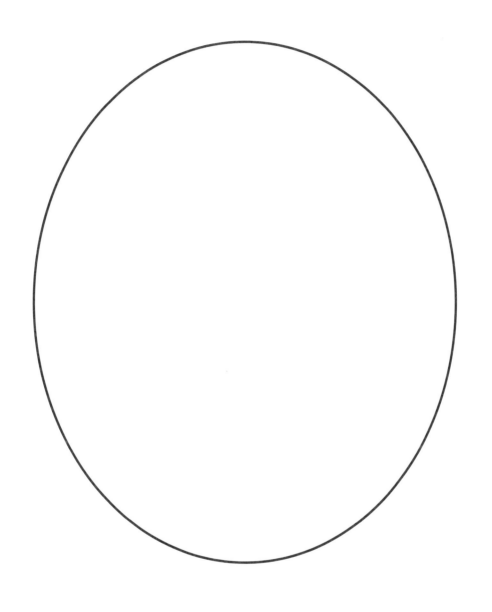

用手偶說說話

　　這項活動讓孩子運用想像力來說故事、創作與玩耍。在遊戲治療中，經常使用「手偶」讓孩子和「他們強烈的感受」或「問題」保持一點距離，當孩子可以把情緒投射在手偶而非自己身上時，就能有較大的能力克服與自己相關的挑戰。我們可以使用手偶和孩子對話、說故事、或是一起演一場戲。和孩子一起玩手偶有無限多的有趣方式！

材料：外帶包裝紙袋、美勞用具（彩色筆、蠟筆、毛線、塑膠眼睛、亮片等）

1. 把紙袋當作畫布，在上面創作出不同的臉及角色。儘量製作多個手偶！

2. 將手伸進紙袋，把紙袋底部當作手偶的嘴巴。

3. 用做好的手偶來玩吧！用它說個故事，或是編首歌。

這樣做更好玩：如果孩子不太擅長或不容易表達感受，就很適合在手偶戲時間問問孩子今天的狀況。讓你的手偶和孩子的手偶聊聊天、聊聊它們的感受、聊聊它們在想些什麼，這會成為一段珍貴的親子時光。

安全感之歌

　　《我愛你的儀式（I Love You Rituals）》一書提到，我們可以透過各種「儀式」，協助孩子建立內在安全感。當家庭中出現紛爭、意外狀況時，孩子就容易變得不安、甚至覺得自己不再是被愛的。以下這個活動，就是為了讓孩子知道自己和你的關係是非常安全、穩固的，而且這種愛不會輕易改變。當我們持續發出安全與穩定的愛的訊號，就能夠化解孩子的不安。

材料：毯子、小枕頭、角色扮演服裝、洗衣籃或大箱子（最後兩項沒有也沒關係）

1. 請先打造一艘假想的船，可以使用洗衣籃、大箱子，甚至是你的大腿（讓孩子坐在你的腿間，假裝你就是那艘船）。

2. 用毯子和小枕頭鋪在籃子或箱子內，打造一艘舒適的船。

3. 告訴孩子你們要去划船了，就算路上有狂風巨浪，你也會保護他！

4. 讓船搖晃、傾斜、擺動以模擬船隻的航行。划船的時候請一邊唱，可上YouTube搜尋「Row Row Row Your Boat」或「划船划船　搖籃歌」找到旋律，或者用孩子熟悉的兒歌取代：

> Row, row, row your boat
>
> Gently down the stream,
>
> Merrily, merrily, merrily, merrily
>
> Life is but a dream

（中文版歌詞請翻下一頁）

以下提供兩種中文版歌詞，其中一段配合路途有暴風雨的情境：

〔一般版〕

划船啊划船兒

我們快樂往前划

開心開心真開心

我們一起往前進

〔暴風雨版〕

划船啊划船兒

我們勇敢往前划

大風大雨沒關係

我會好好保護你

5. 接下來告訴孩子暴風雨要來了：哇！我看到前面波濤洶湧！暴風雨要來了！我要抱緊你囉，這樣我就可以保護你！接著再唱一次，這次的歌聲要表現出行經暴風雨的狀態。

6. 唱完歌曲後，請告訴孩子暴風雨已經過去，你們都安全了：呼，暴風雨終於過去了，我們現在開進了平穩的水域，我絕對不會讓你受傷！

7. 最後再唱一次這首歌，記得回到平穩、溫和的曲調。

這樣做更好玩：如果孩子願意，讓他戴上水手帽或穿上海盜裝，會更有趣！

我的情緒歌單

　　不管是聽音樂、唱歌、還是創作歌曲，都有助於抒解壓力、表達情緒，年齡稍微大一點的孩子很適合這類活動，可以幫助他們更安全而自然地表現自己的情緒。

1. 向孩子說明你們可以使用一種有趣的方式，來訴說一天感覺到的各種情緒。

2. 引導孩子編排一份可以描述他一天當中各種情緒的歌單，而不是透過文字表達（可利用Spotify、Apple Music、KKBOX等線上音樂串流平台，或者YouTube也可以）。

3. 當孩子編排歌單時，你也要編排一份屬於你當天的情緒歌單。

4. 親子輪流播放自己設計的歌單。

遊戲小提醒：描述出孩子選擇的歌曲帶給你的感受，如果是旋律有趣、令人心情愉快的歌曲，你可以說當你聽到這首歌時，你覺得愉快，如果你所聽到的是張力很強的歌曲，你也可以表達這首歌帶來了憤怒和緊張感，重點在於把你聆聽時引起的情緒反映給孩子。

情緒塗鴉

　　情緒是生活的一部分，我們都曾經歷過生氣、傷心、擔憂、以及自責等情緒。學習管理、調節情緒，並不是要讓自己沒有情緒，而是能夠注意到自己的感受，並決定如何回應。這項活動透過有趣又極具深意的方式，幫助孩子辨識他們的情緒，並且知道自己擁有這些感受都是正常的、沒有對錯。

材料： 繪畫用品（如蠟筆、彩色筆、色鉛筆等，選擇方便準備的即可）

1. 向孩子說明我們都會有情緒，例如：生氣、悲傷、羨慕、快樂、興奮、期待都是情緒。有一種幫助我們理解自己情緒的方式，是透過觀察自己身體的感覺，以及傾聽自己的想法，來檢視內心、了解自己和情緒。

2. 問一些問題幫助孩子檢視內心：

   a. 現在你的肚子有什麼感覺？
   b. 當你想到要自己一個人去做○○事（例如：買東西），有什麼感覺嗎？
   c. 你很期待星期天一起去○○樂園嗎？有沒有其他的情緒呢？

3. 讓孩子在下一頁表現他們的感受，指引給得愈少愈好，讓他們隨意塗鴉、創作他們觀察到的內心感受。

這樣做更好玩： 這項活動很適合**放學後**進行，幫助孩子定期檢視自己的情緒，當孩子愈能自然地注意到自己的情緒、貼近自己的情緒，就更能夠學會如何調節情緒。

手印情緒圖表

　　這項有趣的美術活動，能讓孩子以有創意的方式連結、表達情緒。雖然這是許多遊戲治療師的專業所在，但如果家長能和孩子一起練習，對孩子的幫助會更大！

材料： 數張白紙、無毒顏料、彩色筆、塑膠眼睛（沒有也沒關係）

1. 請向孩子說明你們要一起做一張情緒圖表。

2. 讓孩子先決定他們想要為哪些情緒製作圖表，例如：快樂、難過、擔心、生氣、緊張、興奮、喜悅、寂寞、內疚，也可以上網搜尋「情緒詞彙」來參考。

3. 接下來，讓孩子為每種情緒選擇不同的顏料，例如：「生氣」是紅色、「快樂」是橘色。不必限制孩子使用的對應色彩，尊重他們自己看待色彩的想法，讓他們自由展現創意，而不需要去符合別人的想法。

4. 幫助孩子的手掌一次塗滿一種顏色，然後拓印在白紙上，印下不同色彩的手印，並在手印下方寫下每個色彩對應的情緒。

5. 等顏料乾燥後，把每個手印當作一張「臉」，接著使用彩色筆、塑膠眼睛（沒有也沒關係），在手印上畫出當他們出現那一種情緒時會有的表情。

6. 孩子在為每一個手印畫出表情時,和他聊聊那種情緒,你或許會發現,有哪些事情也會讓你產生同樣的情緒。可以和孩子分享讓你有相同情緒的事件,只要內容是真實的、並且適合孩子的年齡即可,例如:當我聽到你或是媽咪受傷了,我會很擔心。

這樣做更好玩:將孩子的情緒圖表張貼在家中的公共空間,邀請孩子每天檢視,在每個早晨和睡前指出他們的感受。

身體之歌

我們的身體經常在自己能夠辨識出對應的情緒之前，就已經產生反應了。舉例來說，許多孩子在大考的前一晚會伴著胃痛入眠，自己卻不明白是因為對考試的緊張所造成的。這項活動是為了幫助孩子了解，當我們有不同感受時，身體如何發出各種內部訊息，這項理解將有助於孩子的情緒管理。

材料：音樂、蠟筆

1. 首先，編排一份讓孩子在這個活動中聆聽的歌單，內容至少有三首歌曲。

2. 請刻意挑選三首不同節奏／情境的歌曲，舉例來說：

   a. 一首鼓舞人心而節奏輕快的歌曲，像是《冰雪奇緣二》裡的〈有些事永不改變（*Some Things Never Change*）〉。

   b. 一首憤怒而節奏強烈的歌曲，像是《獅子王》裡的〈做好準備（*Be Prepared*）〉。

   c. 一首悲傷而節奏緩慢的歌曲，像是《玩具總動員二》裡的〈當她愛著我（*When She Loved Me*）〉。

3. 向孩子說明你會和他一起聆聽三首歌，並且你會陪他一起觀察聽歌時身體的感覺。

4. 一起聆聽歌曲，讓孩子在下一頁的人體圖形上色，並用不同的顏色表現身體不同部位的感覺。

5. 一起聽完三首歌曲後，鼓勵孩子辨識每一首歌帶給身體的不同或相同的感覺。

這樣做更好玩：讓孩子試著說出每一首歌帶給他們的不同情緒感受，並且試著使用如擔心、生氣、傷心、快樂、興奮等情緒詞彙。

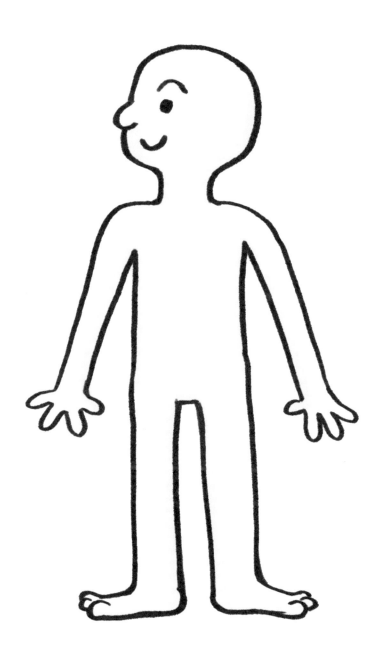

第五章

動作與感官遊戲

　　本章的活動是為了活化孩子的感官和神經系統，並引導他們探索
這些在情緒調節中扮演重要角色的功能。許多家長發現，當孩子能夠
在某個動作上運用需要的神經系統，往往也可以更有效地調節情緒、
與他人產生良好的互動，並且更能專注於當下。

大家跟我這樣做

　　這是一個在家中就能讓孩子玩得很盡興的遊戲，大家要跟隨「領袖」做出一樣的動作，無論動作多蠢、多搞笑都沒關係。這樣的遊戲藉由與孩子同頻，打造健康的親子關係、建立親密感，在活動身體的同時也能協助孩子的神經系統發展。

材料：填充娃娃（沒有也沒關係）

1. 和孩子輪流擔任領袖。

2. 輪到你擔任領袖時，可以引導孩子在家、在院子裡進行，並搭配歌曲，做出搞笑的動作或舞蹈。

3. 盡可能讓孩子來主導，只需設定一些限制，例如：只要是安全的、我們不會受傷的動作，在換人當領袖之前，我都會跟你做一樣的動作。

4. 輪到你跟隨孩子時，請把孩子要求你做的事描述出來：沒問題！現在我們來跳一段搞笑的舞！

這樣做更好玩：讓一隻布偶娃娃加入，讓它也一起模仿領袖！

趣味伏地挺身

　　不少家長會擔心孩子們玩遊戲玩得太瘋，又推、又撞，看起來很危險！但這可能透露出孩子需要透過活動身體，來活絡他們的神經系統，我們需要做的只是確保活動能以安全且彼此尊重的方式進行。這是個有趣、又能讓孩子充分放電的大肌肉活動。此外，對於遭遇較大挫折、感到十分沮喪的孩子，特別具有平復情緒、協助再次振作的效果。

1. 告訴孩子你們將一起進行伏地挺身比賽，目標是做出比對方多的伏地挺身次數。

2. 可以依照自己與孩子的身體狀況調整，例如先以較輕鬆的膝蓋跪地方式做做看。

3. 用盡全力要贏過對方時，請大聲把次數喊出來！

4. 請製作分數記錄表，透過檢視不同回合的差異，以便鼓勵孩子比上次多做幾下伏地挺身。

5. 記得要讓孩子贏喔！「展現出精熟和有能力的時刻」對於提升孩子的自信心很有效果。

這樣做更好玩：試著播放有趣的運動主題音樂來增加比賽的搞笑感，比如來一首《老虎之眼》（*Eye of the Tiger*），相信孩子會和你玩得不亦樂乎！

身體裡的小偵探

這項活動以遊戲的方式，找到「這讓你有什麼感覺？」的答案。身體知覺與我們的情緒相連，幫助孩子理解他們的身體知覺，能夠增進孩子對身、心感受的了解。

材料：繪畫用品（如蠟筆、彩色筆、色鉛筆，方便準備的即可）、放大鏡（沒有也沒關係）

1. 首先，跟孩子說「身體偵探」的故事（可視需要調整故事內容）：

   在我們每個人的身體裡，都住著超小的身體偵探。身體偵探的工作超級重要！他幫助我們了解我們的身體知覺。我們的身體知覺會告訴我們身體感覺到什麼，例如覺得冷、熱、或是肚子餓。還有一種身體知覺，是發生在我們有情緒的時候，像是生氣的時候，我們可能會臉脹紅；興奮的時候，心跳會加快。我們可以請身體偵探幫助我們了解身體的感受，這樣我們就會知道在這個時候我們需要什麼。

2. 向孩子說明「身體偵探」的概念後，就可以開始玩這個遊戲：你可以先選個搞笑的動作（如：原地跑、扭動手臂、轉圈圈等），然後跟孩子一起做。

3. 幾分鐘後，請停下動作並檢查身體！請孩子問問身體偵探有關他們調查到的身體知覺，例如：「身體偵探先生，可以告訴我我的右手有什麼感覺嗎？」

4. 請孩子針對注意到的身體知覺部位，使用繪畫用品在下方的身體輪廓中著色，例如在他們注意到自己肚子的感覺後，請孩子選個能夠代表那種感覺的顏色，用該顏色在下圖的肚子部位著色。

5. 在觀察完一個動作所帶來的感覺後，換個動作再玩！

這樣做更好玩：使用放大鏡作為額外的遊戲道具，讓孩子拿著放大鏡尋找身體偵探，幫助他們更投入於理解身體的感覺！

肚肚先生，我想知道你今天有什麼感覺？

　　和上一頁的身體偵探活動類似，這項活動能提高孩子與身體連結的能力，幫助他們學習傾聽身體的需要，並且處理這些需求。

材料：玩具麥克風（沒有也沒關係）

1. 告訴孩子你要訪問他們的身體，了解他們的身體有什麼感覺。

2. 拿著玩具麥克風（如有使用，若無，可用手勢代替）開始對著孩子的身體部位提出問題：「哈囉，肚肚先生，我是○○〔孩子的名字〕的媽咪。我想知道你今天有什麼感覺？」

3. 提出搞笑的問題，並輪流訪問孩子身體的不同部位，像是他們的眼睛、耳朵、嘴巴、鼻子、手臂、腿部、腳趾、手肘、還有小腿……。

4. 提出更多問題，像是：

   a. 你今天感覺如何？
   b. 你現在需要什麼？
   c. 我可以抱你或親你嗎？
   d. 我接下來該訪問哪裡啊？

這樣做更好玩：這個遊戲的目的是創造你和孩子一起大笑的機會，用麥克風對準你所訪問的不同身體部位，就像真的在進行訪問一樣，用搞笑的語調訪問更可以加強趣味性。

五感料理時光

　　親子一起做料理是豐富孩子感官體驗、建立連結的好方法。別小看只是打顆蛋、攪攪麵糊，每一個都是小小挑戰，也都是讓孩子練習解決問題的機會。

材料：一份簡單的食譜、料理工具

1. 挑選一份確定孩子能夠參與大部分步驟的食譜，像是巧克力豆餅乾、馬芬、或是香蕉麵包！也可以考慮選擇孩子最喜歡的手工點心來進行。

2. 先和孩子一起閱讀食譜，請孩子幫忙檢查廚房，逐一確認所有需要的食材。

3. 接下來，拿出所有需要的烹調工具，別忘了在過程中和孩子創造有趣的互動。

4. 讓孩子幫忙倒食材、打蛋、攪拌麵糊、壓香蕉泥、撒麵粉等，只要是能夠安全進行的活動都可以，弄得髒髒的也沒關係！

5. 完成料理後，請和孩子一同坐下、享受你們共同創作的料理，仔細品嚐，把這些食物有多好吃説出來！

這樣做更好玩：為了幫助孩子在過程中充分運用五感，你可以提出類似以下的問題——你的手碰到麵粉時有什麼感覺？麵團聞起來怎麼樣？你有發現烤箱裡發生什麼事嗎？

尋寶時間

這個活動的點子源自於親子部落格「Picklebums」，是透過非架構式（自由）的遊戲來激發孩子的創意。孩子會拿到一系列沒有特定目的的小玩意，接著就讓他們盡情發揮創意吧！

材料：準備好「一個有分隔的容器」（可使用分裝食物的塑膠容器或製冰盒），以下的「小寶物」可以不必全部備齊。

橡皮筋	彩球	勺子
塑膠眼睛	各種形狀的海綿	鉗子
珠子	植物葉片	鑷子
小石子	線	積木
貝殼	牙籤	小雕像
塑膠吸管	雞尾酒用裝飾雨傘	玩具車
鈕扣	小橡皮擦	

1. 盡可能準備更多的「小寶物」，不限於以上物件。

2. 將這些小寶物分類整理後，分別放入容器中的分格。

3. 將容器放在桌上，請孩子以他們想要的任何方式玩這些小寶物。

4. 這個遊戲除了需要注意安全以外，不需要任何限制，在這類開放式遊戲中，大人給予的指引愈少愈好！

這樣做更好玩：藉這個遊戲的機會，和孩子一起發揮創意和童心吧！

岩漿地板

　　每天活動身體對我們的健康和情緒管理、整體心境都有幫助。然而，忙碌的生活，讓許多孩子無法獲得所需的活動量或充足的下課時間。這個遊戲融合想像力和肢體動作兩個元素，讓孩子在家就能充分放電，還能增進親子的親密感。

材料：

枕頭	毯子	繪畫用品（如：蠟筆、彩色筆、水彩
椅子	毛巾	顏料、色鉛筆等）
小板凳	紙張	

1. 告訴孩子你們要一起玩一個他可能很熟悉的遊戲。你們要假裝地板就是滾燙的岩漿，你們得在房子裡移動，但是不能碰到岩漿！

2. 天馬行空地運用想像力，例如在地板上放置枕頭，來做出各個房間之間的通道，並且使用椅子與小板凳來建造橋樑，打造逃生動線！

3. 在一些紙張上畫出很大的箭頭，將它們放在地板上，來引導你們前進的方向。

4. 動線打造完成後，實際試試看你們是否可以沿著動線移動而不碰到岩漿！

這樣做更好玩：可以計時來進行遊戲，在過程中點燃孩子的想像力，假裝你們在叢林裡尋寶，同時還得不讓火山噴發的岩漿追上你們！

「這是什麼聲音？」

　　這項活動鼓勵孩子運用聽覺，體驗不同的聲音會為身體帶來什麼感受，這是讓孩子與內在感受連結的絕佳方式。此外，部分的孩子在充斥人群與噪音的環境下容易感到不知所措，這個活動也能幫助你更了解孩子的需求。

1. 告訴孩子你們要進行一項聲音實驗，探索不同聲音帶來的感受。

2. 和孩子在家中進行一場聲音歷險（如果天氣許可，也可以把實驗延伸到附近區域）。

3. 和孩子一起探索生活中的聲音，可以先從以下聲音開始練習：

   a. 洗衣機
   b. 洗碗機
   c. 水龍頭流出水的聲音
   d. 馬桶沖水聲
   e. 音樂聲
   f. 家人的歌聲

4. 讓孩子把聽到的聲音與連結的感受，寫或畫在下一頁的表格。如果有需要，例如當孩子還太小不會寫字時，你也可以先聆聽他們的回應，再幫他們填寫上去。

這樣做更好玩：也可以把這個遊戲當成猜謎遊戲來玩！讓孩子閉上眼睛來猜猜看他聽到的是什麼聲音。

這是什麼聲音？	這個聲音給我什麼感覺？ （例如：快樂、放鬆、擔心、 煩躁、驚嚇等）

「這個吃起來怎麼樣？」

　　這項活動很像一場味覺實驗，當孩子因為面臨生活中的挑戰而感到挫折時，他們會下意識地希望增加對於其它事物的控制能力，而用餐時間常常是孩子使用這種掌控力的時刻。讓孩子以遊戲的方式體驗餐桌時光，不僅能夠創造與味覺的連結，還有機會幫助特別挑食的孩子勇敢試試各種食物！

材料：一個大盤子、多種小分量的食物

1. 準備一個食物盤，裡頭裝滿各種你想和孩子一起嘗試的食物，但是請準備小分量就好，讓孩子知道這是個趣味的實驗，而不是正式的用餐。例如你可以在食物盤中放上：一顆葡萄、一片起司、一顆杏仁、一片多力多滋、一小塊花椰菜，以及一小塊滷肉。

2. 讓孩子試吃每一樣食物，並且試著描述味道，鼓勵他們不要只注意自己喜不喜歡吃，而是留意每樣食物的口感與味道。

3. 孩子試吃食物時，可以一邊問他們以下類型的問題，藉此提升他們的觀察力：

   a. 這個是凸凸的、粗粗的、軟軟的、還是滑滑的？
   b. 它會在你的舌頭上融化嗎？還是需要你咬一咬再吞下去呢？

4. 孩子試吃完所有食物後，請他們填寫下一頁的表格。如果有需要，例如當孩子還太小不會寫字時，你也可以先聆聽他們的回應，再幫他們填寫上去。

這樣做更好玩：這項活動應該是輕鬆有趣的，如果孩子不想試吃你準備的食物，請不要勉強他們。要是孩子非常挑食，那就讓孩子選擇食物，陪他們一起試吃吧！

食物名稱	嚐起來如何？ （好吃、難吃、軟軟的、 硬硬的等等）

「這個聞起來怎麼樣？」

　　這項活動邀請你為孩子安排一次特別且有趣的嗅覺體驗。嗅覺可能是最能穩定我們神經系統的工具之一，我們聞到令人愉悅的氣味時，大腦會馬上收到訊號，讓我們冷靜下來、回到當下。

材料：

精油	薰香蠟燭	香皂
有香味的乳液	肉桂粉	醋

1. 告訴孩子你們要一起進行嗅覺實驗。

2. 準備一組有香味的物品，或參考上方的材料清單，以家中容易準備的即可。

3. 請孩子輪流聞聞不同氣味的物品，鼓勵他們留意自己喜歡哪些、不喜歡哪些。

4. 讓孩子填寫下一頁的表格。如果有需要，例如當孩子還太小不會寫字時，你也可以先聆聽他們的回應，再幫他們填寫上去。

這樣做更好玩：找出一些孩子非常喜歡的氣味，還有能讓孩子冷靜的氣味。把這些物品備著，當孩子感到挫折或是分心時，可以讓他們聞聞這些味道，協助他們回到此時此刻（當下）來。

氣味的來源	聞起來怎麼樣？ （甜甜的、酸酸的、香香的、 臭臭的、氣味很強烈等等）

「這個摸起來怎麼樣？」

　　觸覺是人類最大型的感官系統，正如Mona Delahooke在《早期療育中的社會情感發展（Social and Emotional Development in Early Intervention）》中提到的，觸覺是人類最初也最重要的知覺之一。某些孩子對觸覺的敏感度較高，許多家長告訴我，他們的孩子不喜歡穿著某些衣物，甚至也不喜歡像擁抱這類肢體觸碰。這項活動的目的是讓孩子運用觸覺，並幫助他們理解，當他們的身體觸碰到一些事物時有什麼感覺，你也可以更了解孩子的需求。

1. 告訴孩子你們將一起做一項觸覺實驗。

2. 和孩子一起探索你們的家，觀察觸摸不同物體時，會讓手和腳出現什麼感覺。儘量讓孩子有機會觸碰多種不同的材質，例如：粗糙的、滑順的、凹凸不平的、黏黏的、濕潤的、乾燥的等等。

3. 讓孩子填寫下一頁的表格。如果有需要，例如當孩子還太小不會寫字時，你也可以先聆聽他們的回應，再幫他們填寫上去。

4. 你也可以藉由鼓勵孩子活用觸覺，讓他們能更投入在日常活動中，例如刷牙、洗澡、梳頭髮等。

這樣做更好玩：也可以在去其他地方的路途中進行這項活動！鼓勵孩子注意公園、便利商店或是遊樂場裡的東西，摸起來各有什麼感覺。

物體的表面 （如：形狀、顏色、大小）	摸起來怎麼樣？ （好摸、不好摸、熱的、冷的、 柔順的、粗糙的等等）

抱抱挑戰

　　「感官輸入」是一個形容身體理解感官資訊方式的名詞，透過五感提供刺激，刺激會傳到大腦，再做出反應。這項活動藉由輸入不同的觸覺刺激，協助孩子注意到不同的擁抱帶來的是「平靜安穩」還是「焦慮不安」的感覺，如果你發現孩子能透過某種擁抱方式獲得安定、平靜，那麼日後你就可以持續運用！

材料：毛毯

1. 向孩子說明你們要進行一場擁抱體驗。

2. 請按照下一頁所提供的表格，每次先說明一種擁抱方式，說明完之後，提醒孩子仔細留意他們獲得這種擁抱時的感覺。

3. 讓孩子填寫下一頁的表格。如果有需要，例如當孩子還太小不會寫字時，你也可以先聆聽他們的回應，再幫他們填寫上去。

這樣做更好玩：讓孩子來主導這項擁抱體驗，輪流給予對方不同的擁抱，並說說這些擁抱讓你們的身體產生什麼感覺。

孩子對於這種擁抱有什麼感覺呢？ （請選擇最貼切的描述， 並在右方的選項中打勾。）		平靜、 快樂、 被愛	焦慮、 反感、 生氣
大熊抱抱	以雙臂圈住孩子，然後收緊手臂緊抱他。		
蝴蝶擁抱	將雙臂交叉在胸前，以手掌輕輕地拍打兩側手臂，就像蝴蝶輕拍翅膀一樣。請孩子給自己一個蝴蝶擁抱，或是請他坐在你的兩腿之間，然後以蝴蝶擁抱法擁抱他，讓孩子從中選擇一種吧！		
手部擁抱	把你的右手放在孩子的左手中，好像要擊掌一般，然後輕握彼此。		
捲餅擁抱	用毯子把孩子捲起來，就像要做一個超大的捲餅！當孩子被做成捲餅時，給他們一個熊抱。		

搖籃時光

　　這項活動需要你的伴侶或另一名大人共同參與。這個遊戲屬於關係療癒遊戲（Theraplay）活動之一，但為了更適合親子關係運用，我進行了些微調整。這項活動可以為孩子的神經系統提供生理刺激，以及情緒上的安全感，當孩子的身心需求愈能被充分滿足，孩子就愈能學會理解並管理自己的情緒。

材料：一條足以包住孩子的毯子

1. 先把毯子鋪在地板上，請孩子躺在毯子中間。

2. 兩名大人各拉住毯子的一端，請開始唱你們所選擇的歌曲，也可以是孩子嬰兒時期你常為他唱的晚安曲。

3. 請其中一位大人發號施令，決定何時將孩子抬離地面。接著，請兩位大人提起毯子，讓毯子成為孩子的搖籃。

4. 兩位大人開始搖晃毯子。

5. 歌曲結束時，請將孩子緩緩放回地面。

6. 在這個遊戲裡，請以口頭追蹤加強孩子的體驗，例如：我們要把你放下來囉。一、二、三，我們讓你平安地躺下來了。你也可以在放下搖籃時說些提示，讓孩子知道你希望怎麼做，例如：好了，首先我們要讓你的屁屁著地，接著是腳腳；最後，我們要把你的頭放下來囉。

這樣做更好玩：讓孩子把喜歡的玩偶擺在毯子中間，讓孩子試著當搖晃搖籃的人、學習給予愛！

色彩調調樂

　　我發現，在遊戲治療中運用顏料，可以有效幫助孩子冷靜下來，並更加跟當下做連結。許多孩子可能會卡在不知道該畫什麼才好，或擔心畫得不好，這項活動可以消除孩子的壓力，讓孩子盡情投入繪畫的療癒本質。

材料：桌巾、畫畫衣、可水洗無毒顏料、紙張、水彩筆

1. 請先準備好一個可以讓孩子安心塗鴉的區域，將擔心把環境弄髒弄亂的壓力降到最低，例如可以墊張防水桌布、讓孩子穿上不怕弄髒的畫畫衣。

2. 告訴孩子，這個活動的目標是看看他們可以透過混合顏料來創造多少新的色彩。

3. 和孩子一起在紙張上擠出少許顏料，讓孩子盡情選擇想要的顏色。

4. 讓孩子自由地在紙張上調色。

5. 孩子調色時，把你這種自由創作的感受描述出來。當你能分享你的感受時，你的孩子也較能注意到自己的感受。

這樣做更好玩：也可以讓孩子用自己的手來混合顏料，提供孩子更多觸覺刺激。

骰子動動動

　　這項活動可以幫助孩子提高控制四肢活動的能力，透過一次只專注於一個身體部位來達成。這項活動源於一本遊戲治療書《二、四、六、八，我們這樣調節情緒》*，而我調整為在沒有治療師的協助下也能輕鬆運用的版本。

材料：骰子

1. 告訴孩子你們要玩一個活動身體的遊戲，你們會輪流擲骰子，而每個骰子的數字代表不同的身體部位。

2. 如果你是這一輪擲骰子的人，由你決定骰子上的數字對應哪個身體部位，以及應該做出什麼動作，例如：

   a. 擲出1時：雙手合十、飛快地前後搖動雙掌。
   b. 擲出2時：扭動腳趾頭、伸直腳趾頭、縮起腳趾頭。
   c. 擲出3時：舉起右手，向上延展到極限。
   d. 擲出4時：以兩手手臂環繞自己的身體、擁抱自己。
   e. 擲出5時：單腳跳、一隻腳站好的同時要晃動另一隻腳。
   f. 擲出6時：左右交互蹲跳或是跳一段舞蹈。

3. 如果這一輪你不是擲骰子的人，你就要做擲骰子的人所指定的動作。

遊戲小提醒： 玩遊戲的時候，請孩子留意每個動作帶給他們什麼感覺，鼓勵他們使用像是不穩的、緊緊的、鬆鬆的、軟軟的、硬硬的、熱熱的這類詞彙，盡可能地試著描述出感覺。

---

* 原書名為《2, 4, 6, 8 This is How We Regulate: 75 Play Therapy Activities to Increase Mindfulness in Children》，內容為75種遊戲治療活動，其中並結合正念、藝術治療的方式來引導孩子學習情緒調節，此書目前尚無繁體中文版，書名為暫譯。

五 感 擲 骰 子

　　我建議在孩子處於怒氣爆發邊緣、剛從學校回到家、結束忙碌的一天，或者在寫作業前進行這個遊戲，它除了是一種運用五感的有趣方式外，還能夠有效提升孩子的專注力、調節自己的能力以及自控力。

材料：骰子

1. 為骰子的每一個數字指定一種感官：

   a. 丟出1時：觸覺

   b. 丟出2時：味覺

   c. 丟出3時：視覺

   d. 丟出4時：聽覺

   e. 丟出5時：嗅覺

   f. 丟出6時：選擇以上五種感官之一

2. 請孩子擲骰子，不管擲出哪個數字，請孩子留意環境中有什麼與該項感官相關的事物，例如：

   a. 如果丟出3，請孩子注意他們現在看得到的東西，並且說出來。

   b. 如果丟出5，請孩子注意他們現在聞得到的味道，並且說出來。

3. 你和孩子輪流進行，直到孩子的五感都有機會運用到為止。

這樣做更好玩：結束遊戲之後，請孩子注意與玩遊戲前比較，他們是否有不同的感覺。問問孩子容易注意到什麼感官，有沒有什麼感覺是比較難察覺的。孩子愈能夠了解這些細微改變，就愈能夠提升專注力。

鏡子跳舞趣

　　當我們的動作與關係有了連結時，會強化對神經系統的刺激，留下更深刻的體驗。這項活動的目標是透過和孩子做出相同的動作，來增加與孩子的連結感。

1. 請告訴孩子你們要輪流偽裝成一面鏡子：你當鏡子的時候，跳舞的人怎麼跳，你就要跟著跳喔；輪到你跳舞的時候，你也可以想跳什麼就跳什麼！

2. 開始玩之前，務必讓孩子知道只能做安全而適當的動作。

3. 分配好第一輪扮演鏡子和舞者的人。

4. 放點輕快有趣的音樂，盡情地玩吧！

這樣做更好玩：家長在扮演鏡子的時候，把觀察到孩子的舉動描述出來會更有幫助：你看我們在轉圈圈！你轉圈圈的時候對鏡子笑得好開心！這可以讓孩子確實了解你和他「同在」。

水上大冒險

　　不少家長告訴我，洗澡時間確實是孩子一天裡狀態比較「冷靜」的時刻。而在炎熱的夏日，玩水是觸發孩子運用感官的好方法，尤其對高敏感的孩子而言更是如此。別害怕水花四濺，和孩子一起創造歡樂的戲水時光吧！

材料：幼童用充氣游泳池、洗澡／戲水玩具

1. 先把充氣泳池移至戶外，在充氣後裝滿水、放入洗澡／戲水玩具。

2. 邀請孩子來玩，開始之前，請先限制他們不可以全身都進入水中，只有他們的手和玩具可以。常見的玩具如：塑膠動物、玩具船、橡膠鴨、小人像等。

3. 讓孩子自由地玩，並且加入他們！

4. 特別留意孩子在做些什麼，可以模仿他們的活動，透過「鏡子般的舉動」與孩子建立連結。

這樣做更好玩：下雨或者無法在戶外活動時，只要預先在室內地板鋪上塑膠墊，再放上充氣泳池，孩子一樣可以玩得很開心！

為什麼肚子餓？

　　許多孩子對於要辨別當下經驗到的，是來自於他們內在的身體感知還是他們的情緒，是有困難的（許多大人也是）。飢餓就是一個常常讓我們難以區辨是因為「情緒」還是純粹「身體感覺」的例子。例如，當孩子的日常作息改變，或者只能待在家而不能出去玩時，他們會常常向家長要零食。帶孩子參與這項活動，可以幫助他們辨識現在感受到的是哪種「飢餓」。

1. 開始活動時，請向孩子表示你一定會在他們需要吃東西時給他們東西吃（請勿把食物當作懲罰或操縱孩子的工具，因為食物對孩子來說與愛有著直接的關聯）。

2. 現在，請孩子做個深呼吸，用鼻子吸氣，再用嘴巴吐氣，然後由你或孩子向肚子問問題，來理解肚子想要什麼：

   a. 肚肚，你覺得餓是因為無聊嗎？
   b. 肚肚，你覺得餓是因為需要喝水嗎？
   c. 肚肚，你覺得餓是因為傷心或擔心嗎？

3. 讓孩子以圖畫或文字，在下一頁畫或寫出他們的回答，幫助他們了解自己的飢餓感來源。

第六章

說故事和角色扮演遊戲

　　本章著重在適合親子一同進行的說故事活動和角色扮演遊戲。說故事活動是非常強大的工具，可以加強親子溝通、連結以及創造一起大笑的時刻。藝術家兼教師Emily Neuburger曾在她的著作《給我一個故事（Show Me a Story）》中提出這樣的觀察：任何形式的說故事活動，都可以幫助孩子擴展創意、提升自我覺察、培養問題解決能力等。透過說故事活動，不只是陪孩子一起玩鬧，在陪孩子運用想像力互動的過程中，能夠讓孩子感受到被重視，還能提升孩子處理、詮釋以及管理情緒的能力。

手偶電影首映會

　　這項活動需要全家人出動，一起完成說故事任務。創作故事並演出，其實不簡單，需要有創意的問題解決技巧、組織能力、以及通力合作。全家人團結合作的模樣，會深深烙印在孩子的心中，成為他們記憶裡的寶藏。

材料：數個手偶（也可以用填充娃娃）、錄影工具（手機、平板或錄影機皆可，如果有腳架會更好）

1. 首先，為孩子說明故事創作的原則：

    · 故事一定要是全新的，不可以拿故事書裡的故事或是曾經看過的電影情節來應付。

    · 故事一定要有開頭、過程和結局。

    · 我們全家必須努力合作創作出故事。

    · 每個人都會分配到一個角色，演戲的時候，我們會讓手偶（或娃娃）代替我們的角色說話。

2. 全家人一起決定故事主題，例如一場派對、一個驚喜、一個重大損失、一段奇幻經歷，或是一個超級英雄的故事（有些家長會利用這項活動，透過選擇合適的主題來協助孩子去理解、處理它們所遇到的特定狀況，不過，不管選擇什麼主題，親子都能夠從活動中獲得幫助才是重點）。

3. 創作完主題與故事後，可以把劇本寫出來，用手偶實際操作看看。或者，也可以安排部分或全部讓大家即興演出。

4. 分配手偶給每一位家人，好讓大家都能參與演出。

5. 準備好手偶們、架設好錄影設備，就可以開始錄製演出了（沒有腳架時，需要請一位家人協助拍攝）。

6. 在鏡頭前演出你們同心協力創作的故事。

7. 演完之後，請坐下一起欣賞這段精彩的演出！

這樣做更好玩：把這個手偶電影首映弄得盛大一點！大家準備好爆米花，一起來欣賞我們的電影吧！

故事歌

　　許多家長都表示，孩子放學後不太願意說在學校發生了什麼事，這讓他們覺得難以與孩子貼近。而這正是此項活動派上用場的時刻，目的是讓孩子以玩遊戲的方式，更自然地與你閒聊他們的一天，甚至讓孩子分享他們原本不會透漏的細節！

1. 請以隨興的方式開始這項活動，而非先告訴孩子該怎麼做。

2. 用一首你們都熟悉的歌曲曲調開始（例如：〈一閃一閃亮晶晶〉或是〈山谷裡的農夫（The Farmer in the Dell）〉，請家長先改編歌詞、唱一小段關於自己當天生活的內容來引導孩子，像是：這一天我超級忙，上班路上車好塞！

3. 接著換孩子編故事歌，鼓勵孩子增加新的歌詞時，可以給予他們一些引導：現在輪到你囉！可以唱一句你今天發生的事嗎？

4. 親子輪流唱出自己編的歌詞，直到雙方都分享了自己的一天。

這樣做更好玩：這個遊戲很適合**在車上玩**，特別能幫助孩子減少滑手機的欲望！

當你還是小寶寶時

　　我們常說的關於孩子還是小寶寶時的故事是什麼呢？是提到他們多愛哭、都不睡覺？孩子都喜歡聽自己還是小寶寶時的故事，透過對孩子述說正向的故事，讓孩子知道從他們還是小寶寶時，你就已經非常愛他們了！這類故事強調了對你而言，孩子有多麼珍貴與特別。

1. 開始這項活動前，讓孩子在沙發上和你互相依偎。

2. 請告訴孩子一些當他還是小寶寶時的故事，故事中請務必包含能夠具體表現出孩子有多麼美好的細節，還有當他們還是小寶寶時就能做到的事，例如：

> 從前從前，你還是個小寶寶的時候，你整天都躺在我的懷裡。你有軟軟的頭髮、大大亮亮的眼睛，還常常對著我笑。我好愛看你睡著的樣子，當你哭的時候，我就抱著你在房間裡走來走去，讓你知道哭沒有關係。你喜歡喝ㄋㄟㄋㄟ，也喜歡看貓咪、狗狗，然後你開始長大，學會到處爬、到處玩。你知道嗎？對我來說，你是世界上最棒的寶寶！

這樣做更好玩：如果孩子願意，你們可以在**睡前**玩個小寶寶遊戲，你可以像抱著嬰兒一樣抱著他搖晃，並為他唱搖籃曲。

說一個「我看見你」的故事

　　當孩子出現失控的反應或行為，例如尖叫、大哭大鬧等，許多家長都會因為希望趕快讓孩子平靜下來，而忍不住對孩子生氣、處罰孩子，有的家長乾脆改變原則，事後卻又感到後悔，這都是正常的。不過，我想提供一個有效的方法，你不需要讓孩子壓抑自己的情緒，只要透過「同理」，就能協助孩子從混亂狀態中平靜下來。

　　這個遊戲的靈感來自非營利組織Echo所提及的「與孩子一同製作《同理之書》」*活動，對於打造和孩子間的同理連結非常有效。

1. 當孩子為了一些像是「不想讓其他人先玩玩具」之類的事情而發脾氣時，花點時間想個和孩子狀況有關的故事。

2. 只要當下孩子的怒氣不會造成安全問題，請拿出一張紙，開始寫下「我看見你」的故事，並且大聲唸出來。

3. 「我看見你」的故事如同以下的敘述：

   > 從前從前，有一個叫小玫的女孩，她既聰明、幽默、又勇敢。她的家人都好愛好愛她！有一天，她跟媽媽說早餐想吃蛋糕，但是媽媽說不行，小玫很不高興。媽媽看見小玫傷心又生氣，媽媽知道小玫不明白為什麼早餐不能吃蛋糕。

   > 故事結束。

———————————

* 　「同理之書」是由非營利組織「Echo」（https://www.echotraining.org/）所提倡，一種以「非暴力育兒」為核心理念，用以向孩子表達同理與建立真誠連結的工具，也是由你和孩子共同製作的一本書，可以用書寫、繪畫等方式表達彼此的感受和觀察，目的是讓孩子知道你與他們同在。

4. 運用簡單的文字來表達你明白，並且注意到了孩子的感受，還可以加上簡單的插圖。

遊戲小提醒：最重要的是，請以溫柔、真誠的關懷語氣進行這項活動，如果你發現自己在當下也被激怒或是受到影響，無法使用平靜的語氣說話時，我建議先不要進行這個活動，因為你可能會傷害到孩子。

故事石

　　和孩子一起利用石頭進行創作，完成的「故事石」不僅能用來編故事，也是一個非常適切的大自然媒介，讓孩子透過故事述說隱藏在內心的擔憂、恐懼或者夢想。

材料：

小而光滑的石頭	油漆筆	雜誌內頁圖片
壓克力顏料	油性簽字筆	保麗龍膠

1. 盡量將石頭的表面洗得乾淨平滑。

2. 接著，和孩子一起發想故事元素，這些元素會是待會畫在石頭上的圖案，例如：房子、樹木、花朵、太陽、雲朵、城堡、奇幻生物、居家用品、昆蟲、人類、動物、車輛、船、食物等，什麼都可以！

3. 使用壓克力顏料、油漆筆、油性簽字筆、雜誌內頁圖片（也可用電腦印出需要的圖片）來創作你的「故事石」，用保麗龍膠將圖片黏在石頭上，讓每顆石頭上都有圖案。

4. 石頭完成後，用它們來說故事吧！一邊組織石頭，一邊和孩子輪流接龍，編出故事細節。

這樣做更好玩：出門時也可以玩這個遊戲，把幾顆不同的石頭裝在袋子裡，隨時攜帶它們。**和孩子在車上或在餐廳時**很適合進行這個遊戲，可以避免孩子的注意力停留在手機遊戲上。

手偶傳紙條

　　這是一個很棒的遊戲，它能夠打開孩子的心，讓他們願意聊聊他們過去不願談論的話題。這個遊戲是我過去所服務過的一位孩子發明的，我自己也經常使用它。透過手偶代替直接表達，能夠減少孩子因為「談自己」而產生的壓力，因為孩子會覺得他們在聊的是手偶的問題，而非自己的問題。在遊戲治療中，治療師常會採用這種方式與孩子溝通。

材料：兩個手偶或玩偶、白紙（便條紙也可以）

1. 讓孩子為自己和你選擇手偶（或玩偶）。

2. 在這個遊戲中，你和孩子不會直接對話，你們只能透過手偶來傳遞訊息紙條。

3. 先讓你的手偶寫張紙條給孩子，一定要把紙條傳給孩子的手偶，而不是傳給孩子本人。例如可以在紙條寫上：浣熊先生（當手偶是浣熊時），你今天好嗎？

4. 把紙條傳給孩子的手偶，請它回覆你的紙條。

5. 繼續來回對話，讓手偶們透過紙條彼此「聊天」，可以問問孩子的手偶最近面對一項挑戰的感受，或是學校裡即將發生的事。

這樣做更好玩：如果孩子不太會寫字，可以用簡單的圖案來溝通，例如簡單的火柴人、表情符號、或是臉部表情加上簡短的字句，都可以！

回憶相簿

　　這項活動協助你和孩子建立深刻的親子連結。大多數孩子都喜歡看自己的照片，特別是從小嬰兒時期開始看，透過回憶照片，一邊述說孩子嬰幼兒時期的故事，讓雙方都沉浸在親子關係裡。當孩子聽見你以正向且充滿愛的方式聊起他時，能夠強化孩子被愛的感受，以及相信自己是重要的存在。

材料：你與孩子的家庭照片

1. 讓孩子瀏覽自己的照片，從他們的嬰兒時期開始看。

2. 不時停下來，告訴孩子某張照片裡發生的事。

3. 盡可能交待豐富的細節，包括感受，例如你看到孩子在做什麼，那給你什麼感覺、甚至是那個時候印象深刻的氣味！

4. 只要你和孩子願意，可以用許多不同的照片重複這個活動。

這樣做更好玩：一起打造一本照片故事書！讓孩子選擇自己的兒時照片，把照片貼在書冊或日記中，並且為那些時刻寫下屬於你們的故事。

我不怕看醫生了！

　　許多孩子都會不自覺被遊戲所吸引，而以遊戲的方式，能更有效地協助他們克服挑戰。透過提供孩子以特定主題或情境為基礎的遊戲，有助於提升他們表達對於該主題／情境的不安、擔憂，以及提升他們面對該情境的勇氣。

　　尤其，很多孩子都超級害怕打針！聽見要打針時，他們的表情簡直就像世界末日；有時候醫生只是拿起聽診器要聽聽心跳，他們就已經開始大聲尖叫。這個「我是醫生」的角色扮演遊戲，有助於減緩、甚至幫助孩子克服對「看醫生」的壓力。

材料：醫生玩具組（沒有也沒關係）、角色扮演醫生袍、口罩、填充娃娃或人形娃娃

1. 邀請孩子來扮演醫生，使用醫生玩具組、穿上角色扮演服裝，讓他們覺得自己就是那個角色（如果沒有角色扮演服裝，使用家中可以取得的道具，例如大人的白襯衫，並鼓勵孩子運用想像力！）

2. 讓孩子幫你、填充娃娃或人形娃娃看病，可以打針、檢查心律、聽呼吸聲等等。

3. 好好地融入角色扮演遊戲，當填充娃娃看醫生時，你可以提出一些問題，以便了解孩子的感受和想法，例如：

   a. 喔～不知道小兔子打針的時候怕不怕啊？
   b. 不知道小兔子要怎樣才會好一點？

遊戲小提醒：我們都希望讓孩子變得勇敢一些，不過如果孩子不太想玩這個遊戲，請別勉強他，這場角色扮演應該是輕鬆愉快的。

切換視角練習

　　從他人觀點來看待事物，也就是「換位思考」的能力，是兒童發展階段中非常重要的一部分，當人能夠理解他人的經驗時，就更容易同理他人，進而與他人產生連結。在這個活動中，讓孩子聽聽你在某個時刻的觀察和想法，並且嘗試理解你。

材料：彩色筆、蠟筆、色鉛筆

1. 首先，選擇一個孩子的光榮時刻，例如當孩子學會騎腳踏車時，讓孩子知道你們要一起創造和那個時刻有關的故事。

2. 告訴孩子你是這個故事的作者，孩子則要擔任插畫家，也就是由家長負責文字、孩子負責畫圖。

3. 當你在下一頁寫下故事時，記得大聲唸出來，務必強調你在那個時刻的想法，這會幫助孩子學習用他人的視角看待自己的經驗。舉例來說：

> 有一天，你在學騎腳踏車，我發現當你決定要直接踩踏板而不用輔助輪的時候，我真的有點緊張。可是我在心裡對你說：「你可以的！」看著你踩了踏板又停下來，我想著，不知道你是不是在想：「我好怕。」但是，你看著我笑了，然後再次騎上腳踏車。我看見你好勇敢、好堅強！

4. 寫完孩子的光榮時刻後，請孩子在下一頁的空白處，就當時的感受畫一些插畫。

這樣做更好玩：這是一個綜合觀點活動，能夠幫助孩子明白你的體驗可能和他們的類似，但也可能有不同之處。完成故事後，和孩子聊聊當中有哪些是相同的、哪些是不同的地方！

魔法藥水

　　這項活動的目的是幫助孩子運用「神奇思考（magical thinking）」來克服挑戰。「神奇思考」的力量是什麼呢？例如多數孩子都相信超級英雄、童話故事、聖誕老人是存在的，神奇思考賦予我們童年時期強大的創造力。這項活動邀請孩子使用「神奇思考」，讓孩子感覺自己比原本以為的更勇敢、更強壯，而且有能力戰勝煩惱、恐懼、困難，同時，「神奇思考」還能幫助孩子增加「童年＝快樂」的美好連結！

1. 留意孩子最近是否有難以克服的問題，例如自己睡覺、學習新的運動、或是寫作業。

2. 跟孩子說你要告訴他一個祕密，就是他的身體裡面有著可以勝過這個大挑戰的魔法。

3. 說明時，為了讓孩子的神奇力量更加強大，請以孩子克服挑戰所需要的一切製作魔法藥水。

4. 在下一頁寫出孩子勝過挑戰所需要的事物，請使用象徵性的文字而非實際的項目，例如平靜、超人力量、神力女超人的自信。總之，發揮創意就對了！

5. 你假裝從書頁中的魔藥罈舀出一杯水，拿給孩子，孩子假裝喝下藥水後，告訴孩子他變得有點不一樣了，並鼓勵孩子在剛剛寫下的文字旁邊畫出克服困難之後的自己。

這樣做更好玩：如果要做得更精緻，可以確實做出魔法藥水，例如在杯中裝水，然後加入自製的天然食物色素（或加入不同顏色的蔬果汁）。讓孩子在製作藥水時，想像自己克服挑戰的模樣！

魔法信箱

　　這項活動的目的是啟發孩子的想像力、愛玩鬧的天性，以及利用神奇思考，以上這些元素都可以幫助孩子解決困難、化解憂慮、獲得自信。現在，幫助孩子創造一個魔法信箱，讓孩子可以和玩具、填充娃娃、或是幻想中的朋友溝通。

材料：

收納盒或其他適合作為信箱的容器	小珠子	膠水
貼紙	亮片	紙張
彩色筆		

1. 請協助孩子製作魔法信箱，這個信箱要用來收發孩子與幻想中的朋友或是玩具之間的往來信件。

2. 用收納盒製作魔法信箱，鼓勵孩子用貼紙、彩色筆、小珠子及亮片等，所有能夠強調這是「魔法」物品的小東西來裝飾信箱。

3. 這時候需要你配合演出了，讓孩子選擇一個玩具，或是填充動物娃娃、人形娃娃、孩子幻想中的朋友都可以，作為孩子透過魔法信箱寄收故事的對象。

4. 讓孩子寫一封信給他所選擇的玩具，讓他知道可以問玩具任何事，例如擔心的事、害怕的事、喜歡或討厭的東西等。鼓勵孩子盡情地玩、發揮創意。

5. 趁孩子不在的時候，由你撰寫回信，讓這封信一看就是玩具或幻想朋友的回信。

這樣做更好玩：也可以用魔法信箱來傳送來自特別朋友的小寶藏、小禮物。

故事接龍

在為期一週或一個月的時間內，和孩子每天一起編一頁故事。這對缺乏自制力的孩子來說是很有幫助的挑戰，因為每天只能寫一頁，這個活動能夠提高孩子的創造力與延宕滿足的能力。

材料： 名片卡、繪畫用品（如蠟筆、彩色筆，選擇方便準備的即可）

1. 向孩子說明你們將一起創作故事。

2. 告訴孩子這個故事的不同之在於要花很長的時間才會完成。

3. 和孩子一起腦力激盪，構想你們的主角。主角可以是真實人物、幻想人物、一隻動物，或是一個和孩子很相像的人物。

4. 如果孩子覺得開始寫故事很困難，請選擇一個你們都喜歡的故事，試著創作那個故事的續集也可以。

5. 從第一張名片卡開始寫下故事，並讓孩子為每一頁畫插圖，如果孩子願意，也可以讓他負責寫字。

6. 隔天再增加故事內容，每一天都為故事寫下新的一頁內容，至少持續一星期。

7. 故事完成後，把名片卡收集起來並做成一本書！

這樣做更好玩： 創作故事的過程中，可以把每張名片卡掛在全家人都看得到的地方，讓全家都有參與感。如果把卡片排列在牆上，就會像一條又大又長的鎖鏈！

第七章

挑戰遊戲

　　不分年齡，我們的生活中都充滿了各種挑戰，當我們能面對挑戰，並且展現自信時，我們的自尊、問題解決技巧、控管衝動的能力都會隨之提升，其中也得歸功於我們足夠的自律，以及耐力。

　　本章正是提供讓孩子提升上述能力的遊戲。根據〈遊戲的神經生物學力量（The Neurobiological Power of Play）〉，邊玩邊學，不只能夠促進孩子的大腦更有效地儲存學習到的技能，也有助於這些技能在艱難時刻仍能正常發揮。

　　本章的遊戲活動，有些是為了創造讓孩子輸的機會，讓他們能透過小事來練習面對失敗、重新振作；有些遊戲則是提供有趣、好玩的競爭，免除輸或贏的顧慮，讓孩子在沒有表現壓力的情況下，更能專注於大腦需要學會的能力。

紅綠燈

　　「紅燈停、綠燈行！」相信大家對這句話都不陌生。這是許多遊戲治療師都會運用的遊戲，讓孩子學習跟隨指令，進一步提升控制衝動的能力。

材料：紅色標誌（表示「停」）、綠色標誌（表示「前進」）、黃色標誌（表示「慢動作」）（這個遊戲沒有準備材料也可以進行）

1. 決定誰要先當紅綠燈，當紅綠燈的人會透過揮舞標誌（如有準備）來指揮「車子」，也就是另一個人。也可以使用相應顏色的衣物當作標誌。

2. 任何空間都可以玩這個遊戲，例如客廳、後院，或是孩子的房間。

3. 如果你是「車子」，請遵守以下規則：

   a. 綠燈是前進
   b. 紅燈是停
   c. 黃燈是深呼吸加上慢動作

4. 和孩子輪流當車子與紅綠燈。

這樣做更好玩：每當孩子表現出能夠遵守遊戲規則時，請熱情鼓勵他們：「哇！你都知道什麼時候要減速、什麼時候要停下來耶！」

泡泡標籤

　　人們在深呼吸時會向身體傳送訊號，告訴身體自己是安全的，因此，我經常使用「吹泡泡」來幫助孩子們放鬆並平靜下來，也常搭配深呼吸來結束一次治療單元。與孩子一起玩這個遊戲的體驗真的非常美好，令我印象深刻，雖然這個遊戲看起來有點難，但它能讓孩子愉快地學會透過深呼吸來平靜心緒。

材料：泡泡環、泡泡液

1. 向孩子說明遊戲規則：

    > 大家都會有自己的泡泡容器，遊戲目標是吹出泡泡，用泡泡當作標籤，貼在對手身上！

2. 開始之前，確定你與孩子的泡泡環都充滿泡泡液。

3. 接著，用鼻子吸一口氣，然後用嘴巴向泡泡環吐氣，吹出愈多泡泡愈好。

4. 告訴孩子，他們吹出的泡泡愈大，就愈有可能順利貼在對手身上。

5. 邊跑邊閃躲對方的泡泡吧！

遊戲小提醒：安全優先，請在遊戲開始前，訂出不可以對他人的臉部吹泡泡的規則。先訂好規則可以讓你避免在建立歡樂連結的同時，還得一邊辛苦地糾正孩子。

走！停！坐！

　　這項活動的目的是為了加強孩子的自制力。自從我在Little Flower 開設的兒童瑜伽培訓課程中學到這項活動後，就不斷為這項活動的魅力與挑戰性而驚嘆，甚至連成人也有同感！之後我就將這個方式引進許多遊戲治療單元，發現孩子們都能從這個趣味挑戰獲益。

1. 先向孩子說明遊戲規則：

   > 這是一個不太容易的傾聽遊戲，你要做出和我說的相反的動作。比如說，我說「走」的時候，你就要停下來；如果我說「停」的時候，你就要開始走！這個有點難喔！

2. 相反的動作如下（可以和孩子一起發揮創意，發明自己的指令）：

   a. 說「走」，就要「停」
   b. 說「停」，就要「走」
   c. 說「坐」，就要「站」
   d. 說「站」，就要「坐」
   e. 說「跳舞」，就要「停止不動」
   f. 說「停止不動」，就要「跳舞」

3. 說明完規則後，開始對孩子喊出各項指令。

4. 接著和孩子輪流擔任「發號施令的人」和「必須做出相反動作的人」。

這樣做更好玩：想要提升趣味性，可以和孩子一起做出和指令相反的動作，而不是只看著孩子做。現在就立刻來玩吧！

大富翁遊戲

　　這個遊戲適合全家一起玩，特別是下雨天悶在家裡的時候。把你家客廳或孩子的遊戲室化為真人尺寸的大富翁遊戲板吧！這項活動體驗融入了桌遊的各種挑戰元素，目標是讓孩子運用大肌肉並發揮創意，還能協助他們管理情緒與行為。

材料：紙張、繪畫用品（如蠟筆、彩色筆、水彩顏料等）、骰子、計時工具、玩具錢幣（沒有也沒關係）

1. 可以購買全開大小的紙張，將大富翁格子畫在上面，或是用無毒液態粉筆畫在地板磁磚上，玩完用濕抹布就能清除痕跡。不需要準備棋子，因為玩家要自己在這些格子上移動。

2. 讓孩子參與訂定簡單的規則，並保有讓他們發揮創意的空間。規則可以像是：

   a. 擲骰子，決定自己可以移動幾格。
   b. 為每個格子安排一項簡單的任務，例如：單腳跳、深呼吸、從另一個房間拿東西過來等等。記得開始遊戲時要設定倒數計時，只要能夠在時間結束前完成任務，就可以獲得一分或是玩具錢幣。

這樣做更好玩：這個遊戲怎麼玩都可以，也可以不套用大富翁的形式，讓孩子盡情發揮創意！

夢想中的遊戲

我經常和8、9歲的孩子們玩這個遊戲，這個年齡的小孩對遊戲超認真，但是有點輸不起，不過，如果由大人先示弱，就能夠幫助孩子學習面對失敗。這個活動還能提升孩子的創造力和自制力，不僅賦予孩子創造遊戲的權力，也必須要求他們遵守自己訂下的規則。

材料：蠟筆或彩色筆，以及各種桌遊物件（例如骰子、籌碼、象棋、跳棋、彈珠、玩具紙鈔、玩具錢幣等）

1. 讓孩子創造自己想玩的遊戲，使用下一頁的簡單桌遊板來幫助你們打造遊戲。遊戲的目的、目標、方式不限，所有遊戲物件都可以按照孩子的意願來使用。

2. 在下一頁的橫線區塊寫下遊戲規則，所有玩家都務必在遊戲中遵守這些規則！

這樣做更好玩：在遊戲中盡可能地把你的感受分享出來，特別是可以聊聊接受失敗有多困難，但是你還是喜歡玩這個遊戲：噢，我輸了一輪。這讓我好生氣，但我知道我還有下一次機會！從你開始分享，這能夠引導孩子表達自己的感受。

建塔挑戰

　　這項活動非常適合好奇寶寶！邊玩邊學，可以讓大腦在未來能更容易地提取這些解決問題的能力。

材料：塑膠吸管、牙籤、名片卡、迴紋針、膠水

1. 告訴孩子你們要一起蓋出世界上最大最堅固的一座塔。

2. 只能使用上面列出的材料，試著造出一座塔。

3. 和孩子一起蓋，在這項挑戰活動中讓孩子盡情探索並解決問題，請盡可能不要給孩子指示或直接幫他們解決問題。

這樣做更好玩：使用計時工具，挑戰在有限時間內蓋出一座塔！

歡樂泡泡糖

　　這是個雖然簡單、卻具有強大力量的遊戲，這個遊戲不僅能讓孩子興奮地投入其中，還能透過深呼吸以及觸覺輸入的過程，舒緩孩子或許不自知的壓力，並且協助穩定他們的神經系統。

材料：泡泡糖

1. 給孩子一顆泡泡糖，最好先給比較難嚼的，讓孩子適應嚼口香糖的感覺。

2. 為孩子示範泡泡深呼吸：用鼻子深呼吸，然後從嘴巴吐氣來吹出大泡泡。

3. 讓吹泡泡糖成為充滿樂趣的比賽，看看誰能吹出最大的泡泡！

這樣做更好玩：許多家長告訴我，孩子放學回到家時總是心情煩躁，究竟該怎麼辦？這個遊戲擁有在漫長的一天後，可以幫助孩子調節神經系統的所有元素。

動物標籤

　　這個遊戲很適合總是精力充沛的孩子，孩子在模仿動物的過程中可以充分放電，另一方面也會為大家帶來許多歡笑！這個能幫助孩子建立想像力以及自尊心的遊戲，很適合全家人一起參與！

1. 每個人利用想像力選擇自己想扮演的動物，並且要配合該動物行動的方式移動，例如：袋鼠用跳的、獵豹用跑的，如果是老鷹，則揮動雙手代表飛翔等等。

2. 其中一人扮演最大、最強壯的動物（例如鯊魚或獅子）。

3. 扮演強大的動物的人，要透過在其他動物身上貼標籤（以輕輕觸碰或貼貼紙的方式）表示抓到了！

4. 每個人都有輪流擔任強大動物的機會，讓遊戲保持輕鬆和趣味。

這樣做更好玩：別忘了動物的叫聲！如果在遊戲中能完全融入動物角色，整個遊戲過程會更有趣，和孩子一起盡情投入吧！

溼紙團射靶

　　這項挑戰型活動可以讓孩子充分運用感官以及好勝心，你和孩子要透過將紙團吹中標靶來得到高分！成功射中標靶需要足夠的專注力、以及運動家精神，這些都是很適合孩子們練習的部分。

材料：紙張、彩色筆、膠帶、衛生紙、塑膠吸管

1. 先為遊戲製作標靶：在紙上畫個大圈圈，在裡面由大至小畫出同心圓圈，最後畫出紅心，就像飛鏢靶一樣。接著在每個圈圈寫上不同的分數。

2. 用膠帶把標靶固定在牆上。

3. 在說明規則前，請先訂出重要的限制：只有在玩溼紙團射靶遊戲時才可以製作或使用溼紙團！在學校裡不行、在餐廳裡不行、無聊時想鬧鬧兄弟姐妹也不行，只有玩這個遊戲時可以！

4. 向孩子說明遊戲規則：

   a. 首先，把衛生紙揉成小球。
   b. 接著，稍微咬一咬衛生紙，好做出完美的溼紙團。
   c. 把溼紙團放在吸管末端。
   d. 這個遊戲的目標是透過吹出溼紙團來擊中標靶，盡可能獲得最高的分數。
   e. 擊中紅心三次或是累計，獲得最高分的人獲勝！

5. 輪流製作溼紙團，並把紙團吹向標靶，玩到出現贏家為止。

這樣做更好玩：孩子可以花點時間思考如何製作大小適中、可以飛得最遠的溼紙團，這可以訓練孩子的問題解決能力，除此之外，雖然這個遊戲似乎有點髒髒的，但是你會和孩子一起在這個帶點傻氣的遊戲中創造出難忘的美好記憶。

傳棉球

　　這是我由關係療癒遊戲（Theraplay）改編的活動，只需要一顆棉球就能開始玩，乍看簡單，不過對小小孩來說是有點挑戰性的喔！孩子需要學習控制呼吸、眼神接觸，並做出經過思考、有策略性的動作。透過提供孩子簡單但具挑戰性的任務，讓他們經歷精熟一件事的過程所帶來的喜悅，孩子會變得更有自信且能自我肯定。和孩子一起玩玩看吧！

材料：棉球

1. 和孩子面對面坐下，最好兩人都盤腿坐在地板上，膝蓋互相觸碰，讓孩子感覺親密。

2. 將棉球先放在你的手中，並說明遊戲規則，遊戲的目的是試著來回把棉球傳給彼此，但是只能用呼氣的方式。

3. 你和孩子的雙手都捧成碗型，由你先捧著棉球，輕輕將球吹進孩子捧著的雙手中。

4. 盡可能地將棉球來回傳送，愈多次愈好，掌握呼氣的力道，不要讓球被吹出你們的手掌！

這樣做更好玩：玩遊戲時，試著不要說話，扮個鬼臉作為信號，讓孩子知道你要把棉球傳過去了！

定格跳舞

　　家長得在孩子正在享受跳舞的時候要求他們定格！這個活動能協助孩子提升自我控制的能力，要暫停做喜歡的事、就算一點也不想停下來——這是所有孩子都必須學會的一課，不妨用輕鬆的遊戲方式來幫助他們學習。

材料：動感的音樂、播放設備（例如手機也可以）

1. 向孩子說明遊戲規則：

    > 跟著音樂跳舞，但是音樂一停下來，我們就要定格！要等到音樂再次開始時，我們才可以繼續跳舞喔！

2. 決定由誰先擔任DJ，家長或任何一個孩子都可以。

3. 決定誰來擔任舞者，擔任舞者的人數愈多愈好玩！

4. 開始播放音樂，由DJ決定要播放哪些音樂，還有定格多少次！

5. 家長與孩子輪流擔任DJ和舞者。

這樣做更好玩：挑戰孩子，以他們最愛的超級英雄或喜歡的歌手的招牌動作定格，別忘了和他們一起享受這個遊戲！

障礙賽挑戰

　　下雨天被困在家裡怎麼辦？這時候就很適合進行這個遊戲！它結合了體力與智力的考驗，家長可以幫助孩子建立適應社會所需的自信、問題解決技巧以及認知彈性（能依照情境轉換注意力、行為或思考的能力）。

材料：剪刀、彩色圖畫紙、布紋膠帶（不會沾黏地板的即可）

1. 選擇家中有較大活動空間的房間來玩這個遊戲。

2. 從彩色圖畫紙剪出各種形狀（步驟5），這些形狀必須是能夠鋪在地上做為行經通道的大小。

3. 接著，依喜好將形狀隨意排列在地上，並以膠帶黏住，打造出一至數條通道。

4. 路線完成後，請向孩子說明障礙賽的規則：

> 參賽者得從動線的起點移動到終點，每當踩上不同的形狀時，就必須完成指定動作，才能移動到下一個形狀上。

5. 為每種形狀指定一個動作，例如：

   a. Z字形：同手同腳走5步

   b. 圓形：5個開合跳

   c. 三角形：蹲5下

   d. 正方形：深呼吸5次

   e. 菱形：伏地挺身5個

   f. 手印或腳印：為了讓遊戲更有趣，只要走上這條步道時，要把手掌或腳掌分別貼在手印或腳印上前進！

這樣做更好玩：讓孩子帶著喜歡的玩具一起玩，可以讓小玩具車走上通道，或是讓喜愛的玩偶做出指定動作。另外，也可以採取計時的方式，作為遊戲的升級版，挑戰看看孩子能多快完成移動，一次比一次更快！

彈珠軌道

　　利用家裡隨手可得的物件，打造一條彈珠軌道。這個活動特別適合對軌道或交通工具主題玩具很感興趣，但需要提升耐力來完成組裝的孩子！這個遊戲當中所需的創意和問題解決技巧，可以提升孩子分析思考的能力。

材料：

捲筒衛生紙芯　　　　　　可撕式無痕膠帶　　　　　彈珠
剪刀　　　　　　　　　　籃子或杯子

1. 告訴孩子你們會一起用收集到的材料來打造一條彈珠軌道。

2. 在家裡找一面可以任意使用的牆。

3. 將捲筒衛生紙芯用膠帶黏在牆上，透過連接多個衛生紙芯來做出軌道，讓孩子運用想像力與創造力，打造任何形狀、尺寸的軌道。

4. 將用來蒐集彈珠的籃子或杯子放在軌道末端的地面上，接著就把彈珠放進軌道中，開始玩吧！

這樣做更好玩：可以製作一條以上的軌道！假如你有不只一個孩子，讓他們製作自己的軌道然後享受比賽的樂趣吧！

第八章

戶外遊戲

　　現代孩子的生活遠比過去更加結構化：每天待在學校將近八個小時，緊接著參加課後活動，再寫一小時左右的作業。結構化的時間分配有好有壞，而壞處之一就是孩子們愈來愈沒有機會親近大自然。《在家玩自然（Nature Play at Home）》一書指出，許多研究結果都顯示戶外活動對個人整體健康、睡眠模式，以及心境都有好處，甚至能減緩注意力不足過動症、焦慮與憂鬱。

　　為了讓孩子能更全面且健康地成長、體驗多元的生活樂趣，本章提供許多讓親子共同投入戶外活動的創意點子。和孩子一起走出家門、體驗戶外的樂趣，為彼此建立更多連結吧！

戶外探險趣

　　非結構性（不事先擬定詳細計畫、程序、目標）的戶外活動有助於孩子的身心發展，然而當3C產品充斥在孩子的生活中，持續地帶給他們聲響和刺激時，他們會比較難投入到需要創意性、相對較安靜的非結構性遊戲中。因此，為了幫助習慣聲光刺激的孩子參與這些遊戲，請告訴孩子我們接下來要進行「一場探險」。

材料：一個不怕它被弄髒的玩偶，例如動物玩偶、嬰兒娃娃，或是超級英雄玩偶都可以。

1. 告訴孩子，今天你要讓他設計一場自己的戶外冒險。

2. 讓孩子選擇一至兩個玩具，帶它們一起參加探險。請選擇適合在戶外活動的玩具，例如具有防水、好清潔、不易損壞等特點的玩具（不建議使用孩子最愛的玩具或抱著一起睡覺的玩偶，會弄髒）。

3. 找一個可以讓你與孩子安全玩耍的戶外空間，可以是附近的公園，或是你家後院。

4. 告訴孩子，你們要帶著玩具一起參加戶外探險，要做什麼都可以！

5. 唯一的規則是，孩子必須保護玩具。可以依照你對遊戲空間的了解來增加安全規定，例如：孩子必須待在你的視線範圍內，或是大人不在的時候不可以靠近水邊。

6. 讓孩子主導，不要提供太多指引。

遊戲小提醒：如果孩子的年紀夠大，可以獨立進行戶外活動了，那麼請在活動中給他更多空間。如果是年紀小的孩子，家長需要隨時待在他身邊，但是請讓他可以發揮想像和創造力、盡情體驗！

「我看到」挑戰

　　我們可能走過同一條路上百次，卻完全沒注意到一些簡單卻有特色的細節。這個趣味遊戲很適合在遊樂場或是在家附近散步時進行，目的是幫助孩子與他們周遭的世界產生連結，並注意到所處的環境。

1. 向孩子說明「我看到」挑戰的規則：

   a. 首先，決定我們要從周遭找尋哪個顏色或形狀的事物。

   b. 根據剛剛指定的顏色或形狀，開始尋找，目標是比對方找到的還多。

   c. 先找到5樣具有指定顏色或形狀事物的人就是贏家！

2. 說明完規則後，讓孩子決定他們想要找的一種顏色或形狀。

3. 讓孩子一一指出、說出他們看到的事物。

這樣做更好玩：想要提高難度或是趣味性，可以增加「我先的」規則──如果家長先看到了某樣具有指定色的事物，孩子就必須排除那一樣事物。例如：指定「找綠色的事物」時，若是家長先指出一棵綠色的樹，那麼孩子接下來就不能說「我看到」任何綠色的樹。

用感覺散步

這項活動非常適合在孩子放學後、開始寫作業前進行。全家一起散步，一起享受戶外時光，散步時加入「五感體驗」這項趣味的元素，可以幫助孩子感受與世界的連結。

1. 邀請全家人一起去散步。

2. 散步時，以輕鬆的方式邀請孩子一路上留意自己的感覺，一開始可以請孩子指出五件他們看到的事物，讓孩子注意自己的視覺。

3. 接著，請孩子聞聞身邊各種事物，讓孩子注意自己的嗅覺。例如聞聞花朵、樹木。

4. 引導孩子注意腳丫子在鞋子裡的感覺，例如在走過草地、人行道等不同路面時會有什麼感受，使他們注意自己的觸覺。

5. 最後，使孩子留意自己的聽覺，聽聽身邊有什麼不同的聲音？孩子是否聽見鳥叫聲、風聲或是車輛駛過的聲音？

6. 請孩子注意一路上自己的感覺如何變化。

7. 回家後，請孩子完成下一頁的活動（並非強迫性），幫助孩子記下散步時注意到的事。

遊戲小提醒：一路上你也需要把自己的五感所感受到的描述出來，這樣會更容易幫助孩子與自己的感受連結。

畫出你所看見的　　　　　　　畫出你所觸碰到的

畫出你所聞到的　　　　　　　畫出你所聽到的

泥巴煮煮樂

　　孩子們似乎有種天性，就是喜歡把發生在自己身邊的事情、看到的故事演出來。這個有趣的活動是將經典的「扮家家酒遊戲」結合「大自然素材」，讓孩子不只是演出爸爸媽媽在廚房的模樣，還能從中創造更多樂趣！

材料：各種廚房用品（如：茶壺、鍋具、杯子、各種模具、餐具等）、水桶、臉盆（適合用於混合土壤跟水的容器）、土

1. 首先，請規劃出遊戲的區域（例如利用舊的餐桌、長凳、或一塊木頭）。以現有的材料打造一個稍微舒適的空間。

2. 將廚房用品放入遊戲區域，可以從百元商店中購買，或者從孩子現有的玩具中找出可以弄髒的物件。

3. 接著，將土壤與水在臉盆中混合成泥巴，這是待會用來製作食物、打造趣味料理的材料。

4. 在水桶中盛入足夠的水量，好讓孩子能用來製作更多的泥巴。

5. 讓孩子用自己想要的方式玩泥巴和玩具！在這類遊戲中，最重要的就是創意和自由！

遊戲小提醒：不要怕和孩子一起玩得髒髒的！玩泥巴是童年的魔法記號。

雙人鞦韆

　　根據Doreit Bialer與Dr. Lucy Jane Miller的著作《不再是祕密（No Longer a Secret）》，盪鞦韆能夠刺激前庭系統（位於內耳，協助人體平衡及賦予空間感的系統），前庭系統的適當發展，有助於我們調節情緒。這個遊戲融合了戶外活動及活化神經系統兩個優點。和孩子一起去盪鞦韆，創造兩個人的連結吧！

1. 到附近公園尋找鞦韆，這項活動需要兩個相鄰的鞦韆。

2. 坐在孩子旁邊的鞦韆上，試著以和孩子相同的節奏盪鞦韆。

3. 唱一首有趣的歌，來增加彼此的連結（可用〈當我們同在一起〉的調子唱），例如：

> 當我們一起盪鞦韆
>
> 盪鞦韆，盪鞦韆
>
> 當我們一起盪鞦韆
>
> 我們超快樂

這樣做更好玩：想要提高趣味性，可以試著以慢速、中速、快速來盪雙人鞦韆！

自我肯定跳房子

經典的跳房子遊戲，只要加上一點小變化，就可以成為增加孩子自信的強大魔法！這個遊戲結合正向自我對話的力量，透過讓大腦持續接收正向語句，提升孩子自我肯定的能力。

材料：粉筆、遊戲沙包（童玩沙包）或小石頭

1. 在家附近適合的空間，用粉筆在地上畫出跳房子格子。請注意，跳房子的格子每排的格子數是：第一排一格、第二排兩格、第三排一格，第四排兩格……以此類推到第七排。

2. 每個格子上不寫數字，而是寫下不同的肯定自己的句子，例如：

    a. 我很堅強。
    b. 我很勇敢。
    c. 我可以處理好這個。
    d. 我很聰明。

3. 站在起點（第一格前面），輪流扔出小沙包或小石子，試著丟進格子內。

4. 輪到你的時候，請一邊往前跳，一邊說出沙包或石頭所丟中的自我肯定句子，而且只能前進到沙包或石頭所處的格子。

5. 輪流在格子上丟擲沙包或石頭，一邊往前跳，一邊說出肯定自己的話！

這樣做更好玩：一邊寫下正面話語時，請一邊聊聊你與孩子什麼時候有這樣的感覺。

許願花園

　　創造一個能讓孩子卸下內心擔憂，然後裝滿希望回到日常生活中的空間。進行活動時，讓孩子也能透過深呼吸來放鬆。

材料：石頭、無毒可水洗顏料、花朵

1. 在院子裡選一個可以用做「許願花園」的區域（陽台的小花圃、附近公園的靜謐角落也可以）。先用石頭將這個小區塊區隔出來。

2. 幫助孩子為石頭塗上顏色並裝飾，完成神奇許願石。接著讓孩子把許願石堆在許願花園裡。

3. 許願花園完成後，告訴孩子可以把心中的煩惱帶到花園來。

4. 請孩子深吸一口氣，吐氣時對著許願石，把擔心一起從嘴巴吐出來，表示已經把擔心關在許願石裡了。

5. 可能的話，就在許願花園裡種些花吧！

這樣做更好玩：發現孩子擔憂或沮喪時，帶他們到許願花園，讓孩子藉著深呼吸，把煩惱關在花園裡，找回放鬆的自己。

大地藝術

　　這項活動的目標是幫助孩子探索身邊的自然環境，從環境中就地取材、進行藝術創作。這個活動協助孩子與大自然連結，特別是不擅長投入非結構性戶外遊戲的孩子們。

1. 選擇一個可以和孩子一起探索的地方，後院、公園，山上甚至海灘都可以。

2. 帶著孩子前往所選定的地點進行戶外冒險，在那裡收集來自大自然、可以用來創作藝術品的物件，例如樹葉、樹枝、小石子、漂流木、松果、貝殼等諸如此類的東西。

3. 選擇一個地點來創作，可以在草地、沙地，或是野餐墊上。

4. 和孩子聊聊要用收集到的材料做些什麼，例如排出一張臉、一幅全家福、一個美麗的日落景緻。重點是讓孩子自由地創作！

5. 跟隨孩子的帶領，讓他們的想像力與創意自由奔馳。

遊戲小提醒：為孩子的創作拍張照，他們才會記得自己的作品。

三個夢想成真的事物

　　這個活動讓孩子探索自己的創意、想像力與提升觀察力，以及培養認知彈性，這對於完成學校作業與調節情緒都有幫助。

材料：紙張、繪畫用品（如蠟筆、彩色筆、水彩顏料等，選擇方便準備的即可）

1. 選擇一個親子都能享受的室外場所，例如公園或是家裡後院。

2. 首先，讓孩子畫出他們在周遭所看到的事物。

3. 接著，讓孩子在圖畫中加入三樣他們希望可以出現在現實世界中的事物。例如：龍、金礦或是糖果山。

這樣做更好玩：如果是在自家院子裡進行這項活動，尋找適合的地點掛一張大張的紙，或使用粉筆，讓孩子可以創作更大的場景。

來看雲朵吧！

　　這是一個由來已久、深受大人小孩喜愛的戶外遊戲，它的目的很簡單——幫助孩子放慢速度、享受當下，並且運用想像力。孩子愈熟練這些技能，未來他們就愈能夠幫助自己從浮躁、受波動的狀態平靜下來。

材料：毯子、蠟筆、彩色筆

1. 將毯子鋪在地上，讓你和孩子可以一起舒服地躺下。

2. 與孩子依偎在毯子上，一起仰望天空。

3. 運用想像力來觀察雲朵的模樣、狀態。

4. 幫助孩子在下一頁畫出所看到的雲朵形狀。記得移除外在的刺激，可以幫助孩子專注在這個活動本身，尤其是習慣使用平板、電腦、手機來獲得娛樂的孩子。

這樣做更好玩：帶點零食點心，一邊看著雲朵移動、一邊野餐吧。

感受尋寶

　　人們經常錯過身邊微小而美好的事物，這項活動能幫助孩子放慢腳步，與自己及周遭的世界連結。

材料：放大鏡、望遠鏡（以上都沒有也沒關係）

1. 選擇可以感受大自然的地點，我特別建議在健行步道或是樹林間進行。

2. 告訴孩子你們要一起在四周尋找一些帶給你們不同感受的事物，例如：蝴蝶、樹木、流水、蜘蛛、陽光、風……等等。

3. 孩子在周圍找出這些事物後，請孩子在下一頁畫出來，這會幫助孩子了解自然界的事物帶給自己的感受。此外，可以利用望遠鏡、放大鏡（若有）來仔細觀察由近到遠的事物。例如：

   a. 懸崖讓我覺得緊張。
   b. 陽光讓我覺得溫暖。
   c. 松鼠讓我很想大笑。

這樣做更好玩：收集孩子所找到的事物，例如掉落的樹葉、果子等（僅限可帶走的項目）。將它們保留下來，讓孩子未來有機會進行更多的探索！

找出讓你快樂的事物，
把它畫下來

找出讓你緊張的事物，
把它畫下來

找出令你害怕的事物，
把它畫下來

找出讓你大笑的事物，
把它畫下來

找出讓你生氣的事物，
把它畫下來

找出讓你傷心的事物，
把它畫下來

第九章

深呼吸與冥想遊戲

　　我們的呼吸是很有力量的，它具有在幾分鐘內改變我們內在狀態的魔力。當我們希望幫助孩子稍微暫停高昂的情緒、冷靜下來時，就是呼吸法派上用場的時刻，它能夠幫助我們在回應充滿壓力的情況之前，先為我們的身心製造一些緩衝的空間。在本章的活動中，你會發現學會呼吸法並不困難，例如使用一組吹泡泡工具，搭配你陪伴孩子的心意就行！學會有技巧地呼吸，以及適時地放鬆，對於成人和兒童都非常有幫助。

泡泡深呼吸

　　這項活動的目的是幫助你和孩子學習深呼吸。並不是所有的呼吸法，都可以引起身體相同的回應。我們可以使用「吐氣比吸氣長」的呼吸法，來告訴身體與大腦「我是安全的」，這對於平撫孩子的不安和焦慮很有效。

材料：泡泡環和泡泡液

1. 和孩子一起依照以下步驟，幫助他們學習深度而舒緩的呼吸法。

2. 首先，以泡泡環沾取泡泡液。

3. 透過鼻子吸氣。

4. 吐氣時，試著由嘴巴向泡泡環吐氣，並且長過吸氣。目標是讓吐氣比吸氣的時間長。能夠吹出多少泡泡、泡泡的大小並不重要，這是能夠教導孩子做到舒緩而深長的呼吸方式。

5. 讓孩子反覆執行步驟**2～4**，想玩多少次就玩多少次。

這樣做更好玩：吹出泡泡後，鼓勵孩子以最快的速度戳破泡泡！

巨大泡泡挑戰

　　這個活動的目的是教導孩子在面臨挑戰時如何能完整地深呼吸，這能在他們未來需要緩和緊張、焦慮的時候派上用場。努力吹出超大泡泡並不簡單，需要具備專注力、自我控制力，以及耐力。

材料：泡泡環和泡泡液

1. 先用泡泡環沾取泡泡液。

2. 接著，用鼻子深深吸氣。

3. 將嘴唇拱成圓圈，並以適中的速度吐氣。

4. 以上動作能幫助你吹出巨大泡泡。

5. 試著吹出更多巨大泡泡。

這樣做更好玩：你可以邊和孩子一起玩、邊大聲描述你參與這項挑戰的感受，讓孩子也願意一次次地嘗試、提高耐挫力。例如，你可以這麼說：哇！要吹出很大的泡泡，要很專心、很努力耶，我覺得我什麼都沒做錯，可是這次還是失敗了！

泡泡定格

　　孩子可以透過這個遊戲學習如何做出既深且完整的呼吸，還能夠練習控制衝動，這恰好是許多孩子較不擅長的部分。開始這項有趣而療癒的活動，幫助孩子提升掌控任務的能力吧！

材料：泡泡環和泡泡液

1. 告訴孩子你們要玩一個「定格」遊戲，請一起遵循以下步驟。

2. 首先，用泡泡環沾取泡泡液。

3. 用鼻子吸氣。

4. 吐氣時，由嘴巴向泡泡環吐氣，並且要比吸氣的時間長。

5. 一旦吐完氣，請定格（身體不可以動，但不需要憋氣）。

6. 保持定格，直到泡泡在你身邊破掉為止。

這樣做更好玩：幫助孩子感受定格時身體有什麼感覺，例如可以問他們：你站著不動的時候有什麼感覺呢？站著不能動、又不可以弄破泡泡難不難啊？

超級英雄呼吸

　　這項活動的目的是連結「深呼吸」與孩子心目中的「英雄特質」，幫助孩子學會在心情沮喪時，能透過深呼吸來調節情緒。

材料：一個英雄的代表物（例如一頂鴨舌帽，但沒有也沒關係）

1. 和孩子聊聊他最愛的超級英雄。

2. 請孩子告訴你，當他的超級英雄感到堅強又充滿勇氣時，他們的站姿會是怎樣的（這時，請為孩子穿戴超級英雄的代表物），並和孩子一起做出超級英雄的站姿。

3. 現在，趁孩子做出超級英雄站姿時，鼓勵孩子深呼吸，用鼻子吸氣、再用嘴巴吐氣。

這樣做更好玩：讓孩子想像一項挑戰，或是某個遭遇困難的時刻，他們需要變身為超級英雄，並且搭配深呼吸。幫助孩子現在就試試看，想像以超級英雄的能力和運用呼吸法克服困難！

義大利麵呼吸

　　這個活動很適合在孩子睡前或需要讓孩子冷靜的時候進行，它融入了漸進式肌肉放鬆法，讓孩子透過練習收緊與鬆弛各部位的肌肉以穩定神經系統，也能幫助孩子更容易入睡。

1. 問問孩子義大利麵還是生的時候是什麼樣子，如果孩子不知道，可以告訴孩子，義大利麵煮熟前是硬梆梆的，並用身體動作示範給孩子看──站直、腳併攏、手臂緊貼身體兩側、繃緊全身肌肉。

2. 問問孩子義大利麵煮熟後是什麼樣子。接著告訴孩子煮熟的麵是彎彎的，請以柔軟彎曲的身體示範給孩子看。

3. 現在，為孩子示範完整的「義大利麵呼吸」：

   a. 深深吸氣的時候，讓身體像僵硬的義大利麵。
   b. 吐氣時，讓身體鬆軟彎曲，像是煮熟的義大利麵。

這樣做更好玩：給孩子一些挑戰，請孩子用身體模仿最喜歡的麵條類型：嘿，你可以模仿螺旋麵的形狀嗎？通心粉呢？不然，一顆義式肉丸？我們一起試試看！

背靠背呼吸

　　這個呼吸法是我在兒童瑜伽與正念練習機構Little Flower的培訓課中學會的。家長往往需要能夠有效讓孩子慢下腳步、冷靜下來的方法，這個活動就是非常好的方法，過程中，家長不需要對孩子大吼大叫或動怒，只要願意和他們「待在一起、感受同步呼吸的魔力」。

1. 請和孩子背靠背坐下來。

2. 注意彼此的呼吸是否同步。

3. 接著，試著使自己的呼吸與孩子的呼吸同步，然後試著讓雙方的呼吸都慢下來。

4. 閉上眼睛，也請孩子一起閉上眼睛。讓孩子注意雙方呼吸同步時有什麼感覺。

這樣做更好玩：你和孩子都各自把一隻手放在自己的肚子上，另一隻手則放在自己心臟的位置，仔細感覺吸氣時空氣進入腹部，還有你們心跳的變化。

大象呼吸

　　這類呼吸的目的是讓我們以趣味的方式活絡身體，以帶來活力。這種呼吸法特別適合小鬼頭早起時使用，或是幫助他們在面對挑戰前打起精神！

1. 彎腰向下，將你的兩隻手十指緊扣，假裝你的兩隻手臂是大象的長鼻子，吸引孩子學習運用大象呼吸。

2. 接著慢慢挺直腰桿，將手臂（象鼻）往上高舉的同時緩緩吸氣，記得象鼻往上到最高點時，臉部和手臂都會對著天空。

3. 接著，再次慢慢彎下腰，在把手臂（象鼻）緩緩伸向地面的同時，用震動嘴唇的方式吐氣，好像大象要從象鼻噴水一樣。

4. 重覆執行步驟2～3三次，以達到最有活力的狀態。

這樣做更好玩：在兩次吸氣之間，努力用象鼻發出噴水聲，孩子會覺得更有趣！

獅子王呼吸

　　這種呼吸法以一種和緩的方式，引導孩子想像自己有如一隻獅子，想像森林之王的強大、霸氣與沉著，學習透過呼吸，為自己建立安定的力量。

1. 和孩子聊聊獅子是多麼的強大、勇敢，還有敏銳的觀察力。例如：

   a. 你知道哪一種動物位於動物食物鏈的頂端嗎？他們強壯、勇敢又有自信。

   b. 你覺得獅子有多強壯呢？

   c. 你覺得牠們要多勇敢才能把那些會傷害牠們的動物都嚇跑？

2. 說明這種呼吸法，能夠幫助你和孩子都感覺強壯、安定且勇敢。

3. 為孩子示範安定的獅子坐姿（例如盤腿而坐、兩手放在大腿上）。

4. 以鼻子深深吸氣，想像自己充滿王者風範。

5. 吐氣時，張開嘴巴並伸出舌頭，迅速把空氣吐出去，同時發出「哈」的聲音，想像自己正在「獅吼」。

6. 重複這種呼吸法2～4次。

這樣做更好玩：和孩子一起練習發出最強大的獅吼吧！

小精靈呼吸

　　這種呼吸法源於我治療過的一位孩子，當時我們正在用玩鬧的方式練習深呼吸，而她要求我做一個小精靈呼吸，於是這個方法就誕生了。我非常喜歡這種深呼吸法，我也發現喜歡魔法、小精靈、公主的孩子會特別投入！

材料：精靈翅膀道具（沒有也沒關係）

1. 和孩子聊聊他們想要當哪種精靈：

    a. 你有沒有想要哪種魔法呢？
    b. 你會想用精靈翅膀飛到哪裡呢？
    c. 你想穿什麼顏色的精靈裝呢？
    d. 你覺得你是小精靈、精靈公主，還是兩種都是呢？

2. 告訴孩子他將要學習如何像精靈一樣呼吸，請和孩子一起進行下面步驟。

3. 先抬頭挺胸，並把手臂放在身體兩側站好。

4. 吸氣時，將手臂往身體兩側張開，好像張開精靈翅膀一樣。

5. 吐氣時，上下揮動你的翅膀。

6. 重複以上步驟，孩子想玩幾次就玩幾次。

這樣做更好玩：讓孩子挑選喜歡的精靈翅膀顏色和造型，穿上後再玩玩看！

慈愛冥想練習

　　這是一項適合在孩子睡前，或是度過漫長的一天之後進行的活動。透過傳遞同理和祝福予自己或他人，能夠讓我們感到快樂，並對世界心懷感謝，而當我們能夠喜愛自己、祝福自己、認同自己的內在感受時，我們也會變得更有自信。今天就和孩子一起練習慈愛冥想吧！

1. 你和孩子都要放下手邊的東西，準備開始這個練習，尤其要阻絕3C產品的干擾。

2. 告訴孩子你們現在要傳送好的祝福給某個人。

3. 幫助孩子決定傳送祝福的對象。

4. 在孩子傳送以下祝福時，讓孩子在心裡想像對方：

　　　　願你平安，得到許多愛

　　　　願你開心又健康

　　　　願你明白一切都會很好

5. 最後，讓孩子也把這些良善的念頭傳送給自己，請他們在想著祝福自己時，重複這些字句：

　　　　願你平安，得到許多愛

　　　　願你開心又健康

　　　　願你知道一切都會沒事的

這樣做更好玩： 可以練習把好的祝福傳送給你所關心的、討厭的、廣大世界中的任何人！

轉換心情的地方

　　幫助孩子想像一個平靜而安全的地方，這類引導式放鬆法很適合在睡前使用，也很適合協助孩子從忙亂挫折中找回平靜。透過把想像的事物畫出來，感受到自己是安全的，能夠賦予我們改變心境的強大力量。

材料：繪畫用品（如蠟筆、彩色筆等，選擇方便準備的即可）、亮粉、貼紙

1. 幫助孩子想像一個平靜的地方，並讓他們畫出來：

    　　想像一個平靜的地方：沒有任何壞事會在這裡發生，這個地方可以是真的，也可以是幻想的，這裡有很多神奇的小幫手，你可以在這裡許下無窮無盡的神奇願望。只要能夠讓你覺得平靜，這裡出現什麼都可以。

2. 孩子找到自己的平靜空間後，請讓他們在下一頁畫出來。可以使用任何創意素材，幫助孩子的畫面栩栩如生。

3. 畫完之後，邀請孩子試著想像，假裝用心中的相機拍下這個畫面。

4. 讓孩子閉上雙眼，持續想像這個平靜的空間。

這樣做更好玩：讓孩子選擇一種讓他感到安定的氣味，例如薰衣草、薄荷等，然後放進他們的安全空間裡。鼓勵孩子在睡前聞聞這個安定氣味，並且看著他們所畫的畫面。

平靜心靈罐

　　在這個活動中，你和孩子會一起打造一款用來舒緩、鎮定、幫助集中精神的工具。這是我向一位同事學習而來的，那之後我便經常在治療單元中和孩子一起使用。

材料：透明罐子、金蔥粉（可多準備幾種顏色）、透明膠水、水

1. 和孩子一起將罐子的一半裝滿水。

2. 讓孩子在罐中加入金蔥粉，想加多少種顏色或比例都可以，讓他們發揮創意。

3. 將適量的膠水擠入罐中。雖然這不是個科學遊戲，但是過多的膠水無法創造出正確的效果。

4. 將水倒滿罐子剩下的空間，將蓋子蓋緊。

5. 開始瘋狂地搖動罐子，讓金蔥粉與膠水在水中充分混合。

6. 心靈罐完整混合之後，請再搖動一下，並把它放在桌上，欣賞罐中的色彩慢慢平靜、沉澱下來。鼓勵孩子在金蔥粉沉澱時一邊深呼吸。

7. 告訴孩子心靈罐代表什麼：

   > 當罐子被搖晃的時候，裡面的東西混在一起，移動得很快而且混亂，這就好像我們的腦子和身體裡塞滿了許多不同的強烈感覺。而當我們給罐子一點時間，比如我們先做幾個深呼吸，我們腦袋裡面的感覺會慢慢沉澱，就像罐子裡面的金蔥粉一樣，我們會慢慢找回舒服、平靜的感覺。

8. 當孩子不開心，需要幫助他們冷靜的時候，使用心靈罐作為深呼吸的計時器吧。

這樣做更好玩：使用罐子來玩點需要專注力的遊戲！開始時，先搖動罐子，接著等待金蔥粉沉澱下來時，和孩子輪流指出罐子中有所改變的地方，例如金蔥粉的顏色變化，或者是不同大小的金蔥粉以不同的速度沉澱等。

「噴噴！怪獸走！」

許多家長告訴我，他們的孩子很容易緊張、焦慮，為了讓孩子晚上能順利入睡，常常搞得彼此都筋疲力盡。這項活動以一種有趣的方式，讓孩子運用神奇思考，感受自己對環境的掌控力。當我們感到更有力量，就不容易受到壓力所干擾，也能夠睡得更好。

材料：噴瓶、貼紙、亮片、精油*

1. 先告訴孩子關於怪獸噴霧的故事：

   > 從前從前，有一個小男孩，他很害怕晚上自己睡覺，因為他相信房間裡有怪獸，會在他睡著時出來嚇他。小男孩太害怕怪獸了，所以他幾乎沒辦法好好睡覺。但是有一天，他聽說有一種神奇怪獸噴霧，怪獸很討厭那種噴霧，而且上床前只要噴一次，就可以讓怪獸整個晚上都不敢出來！這一天，小男孩在睡覺前噴了神奇怪獸噴霧，他知道就算有怪獸來，只要一點點神奇噴霧，就可以把怪獸趕跑，他不再害怕怪獸了！

2. 幫助孩子製作自己的怪獸噴霧，讓他們使用貼紙和亮片裝飾噴瓶（因為怪獸討厭漂亮的東西）！

---

* 參考《奧地利奶奶給孩子的居家芳療小藥鋪》一書之「精油使用年齡對照表」建議，「羅馬洋甘菊、真正薰衣草、橙花」為對3歲以上孩子而言較安全的精油種類。3～5歲孩子可用100ml水滴入5滴以下的精油，6歲以上孩子可依情況增至5～10滴，3歲以下孩子則不建議進行此活動。

3. 以亮片、精油（若有使用）和水調製怪獸噴霧。加入亮片時，告訴孩子這些亮片裡有神奇的力量，可以趕走所有怪獸，不管是多麼可怕的怪獸都沒問題。

4. 將怪獸噴霧裝進噴瓶。

5. 讓孩子在睡前於房間裡噴灑怪獸噴霧。

遊戲小提醒：把怪獸噴霧放在孩子可以隨手拿到的地方，當孩子聽見怪獸來時，就可以用噴霧趕跑怪獸。

魔法著色呼吸

　　這個簡單著色活動的目的，是透過延長吐氣幫助孩子冷靜、遇到困難時不被情緒淹沒。根據2019年刊登於《國際心理生理學雜誌（International Journal of Psychophysiology）》的一篇論文證實，只要我們每天花2分鐘進行延伸吐氣呼吸——吸氣時默數到三、吐氣時默數到四，就能夠改善我們的問題解決技巧以及課業（或工作）表現。

材料：繪畫用品（如彩色筆、水彩顏料、色鉛筆，選擇方便準備的即可）

1. 向孩子說明呼吸的魔法：如果我們都能學會吐氣比呼氣長的呼吸法，就能教導身體冷靜、堅強，並且在遭遇困難時仍然可以做出正確的選擇。

2. 請孩子用最喜歡的繪畫用品完成下一頁的著色畫。指導孩子在為吸氣圖著色時，每吸一口氣都要數到三；而當他們在為吐氣圖著色時，每吐一口氣都要數到四才能吐完。

3. 重複上面的步驟，孩子要玩幾次都可以！

這樣做更好玩：試著在孩子**寫作業前、上床睡覺前、或是需要放鬆的時候**使用這項活動。

吸氣著色圖：

著色時，吸氣要數到三

吐氣著色圖：

著色時，吐氣要數到四

相關資源
·················

網站

1 A4PT.org（美國遊戲治療協會）

2 NAEYC.org.（美國幼兒教育協會）

3 LittleFlowerYoga.com（小花瑜伽）──2006年於紐約創立，提供兒童、教育工作者、家長、助人工作者等結合瑜伽和正念的課程，旨在將其融入課堂，使兒童在學校內外都能發揮其潛力、快樂成長。

4 Child.TCU.edu─該單位旨在培訓TBRI專業人員，以協助遭遇創傷的孩童的家長、照護者、教師，或任何與孩童一起工作的助人者。TBRI全稱為「Trust-Based Relational Intervention」，暫譯為「信任關係干預」，為一套基於依附理論、創傷知情的關係互動模式，由德州基督教大學孩童發展研究中心（Karyn PurvisInstitute of Child Development）所開發。

著作

1 Daniel Siegel and Tina Payne Bryson. No-Drama Discipline: The Whole-Brain Way to Calm the Chaos and Nurture Your Child's Developing Mind

2 Carol Stock Kranowitz. The Out-of-Sync Child: Recognizing and Coping with Sensory Processing Disorder

3 Bessel van der Kolk. The Body Keeps the Score: Brain, Mind, and Body in the Healing of Trauma

4 Sandra Wilson. My Book About Play Therapy

5 Eline Snel. Sitting Still Like a Frog: Mindfulness Exercise for Kids (And Their Parents)

參 考 文 獻

1 Bailey, Becky. I Love You Rituals. New York: HarperCollins, 2000.

2 Bialer, Doreit and Lucy Jane Miller. No Longer a Secret: Unique Common Sense Strategies for Children with Sensory or Motor Challenges. Arlington, TX: Sensory World, 2011.

3 Cochran, Jeff L., Nancy H. Cochran, and William J. Nordling. Child-Centered Play Therapy: A Practical Guide to Developing Therapeutic Relationships with Children. Hoboken, NJ: John Wiley & Sons, Inc, 2010.

4 De Couck, Marijke, Ralf Caers, Liza Musch, Johanna Fliegauf, Antonio Giangreco, and Yori Gidron. "How Breathing Can Help You Make Better Decisions: Two Studies on the Effects of Breathing Patterns on Heart Rate Variability and Decision-Making in Business Cases." International Journal of Psychophysiology 139 (May 2019):1–9. DOI.org/10.1016/j.ijpsycho.2019.02.011.

5 Delahooke, Mona. Beyond Behaviors: Using Brain Science and Compassion to Understand and Solve Children's Behavioral Challenges. Eau Claire, WI: PESI Publishing & Media, 2019.

6 Delahooke, Mona. Social and Emotional Development in Early Intervention. Eau Claire, WI: PESI Publishing & Media, 2017.

7 "The Dream Catcher History & Legend." DreamCatcher.com. Accessed June 14, 2020. dreamcatcher.com/dream-catcher-history-legend.html.

8 Gaskill, Richard and Perry, Bruce D. "The Neurobiological Power of

Play: Using the Neurosequential Model of Therapeutics to Guide Play in the Healing Process." In Creative Arts and Play Therapy for Attachment Problems, edited by C. Malchiodi and D. A. Crenshaw, 178–94. New York: Guilford Press, 2013.

9 Harper, Jennifer Cohen. Little Flower Yoga for Kids: A Yoga and Mindfulness Program to Help Your Child Improve Attention and Emotional Balance. Oakland, CA: New Harbinger, 2013.

10 Leggett, Elsa Soto and Jennifer N. Boswell. Directive Play Therapy Theories and Techniques. New York: Springer Publishing, 2017.

11 Neuburger, Emily K. Show Me a Story: 40 Craft Projects and Activities to Spark Children's Storytelling. North Adams, MA: Storey Publishing, 2012.

12 Rodwell, Helen and Vivien Norris. Parenting with Theraplay: Understanding Attachment and How to Nurture a Closer Relationship with Your Child. Philadelphia: Jessica Kingsley Publishers, 2017.

13 Striniste, Nancy. Nature Play at Home: Creating Outdoor Spaces that Connect Children with the Natural World. Portland, OR: Timber Press, Inc., 2019.

14 "Tiny Treasures—Loose Parts Play." Picklebums. Published July 6, 2016. Picklebums.com/we-play-tiny-treasures.

15 Turner-Bumberry, Tracy. 2,4,6,8, This is How We Regulate: 75 Play Therapy Activities to Increase Mindfulness in Children. Eau Claire, WI: PESI Publishing & Media, 2018.

16 VanFleet, Risë, Andrea E. Sywulak, and Cynthia C. Sniscak. Child-Centered Play Therapy. New York: Guilford Press, 2010.

致謝

　　藉此機會，我要向我的老師們以及在遊戲治療領域的夥伴們致上最深的感謝。若不是各位的引導、支持、督導與訓練，我不會擁有現在的事業。我還要特別向長久以來陪伴我的恩師Ann Beckley-Forest獻上感謝——早在我的事業開始之前，你就已經是對我而言非常特別而重要的存在，用言語尚不足以表達我對你的感謝。

　　此外，我也要感謝我的家人，特別是我的先生和女兒，沒有你們，我應該早就失去方向，對你們說上百萬次的感謝都不足夠。最後，我要謝謝我人生中的第一位老師，也就是我親愛的母親，她是世界上最有趣也最懂愛的女人，她像一道指引我向前的光，儘管她已離開這個世界。

關於作者

梅麗莎・拉維尼（Melissa LaVigne）

註冊遊戲治療師、持照臨床社工師。於美國紐約水牛城開業，提供兒童、家庭與成人治療服務，擁有豐富的遊戲治療與創傷治療經驗，她期盼與世界分享她的治療工具。此外，她同時也是教職員、非營利組織Yogis in Service的瑜伽老師，在訓練師資外，也提供與正念、創傷知情、創傷療癒相關的瑜伽課程。

台灣廣廈 國際出版集團
Taiwan Mansion International Group

國家圖書館出版品預行編目（CIP）資料

遊戲式情緒教養魔法書：教育現場也適用！遊戲治療師專為3－9歲設計，
101種協助孩子克服焦慮、調節情緒、促進連結的親子遊戲！/梅麗莎.拉維尼
(Melissa LaVigne)作. -- 初版. -- 新北市：臺灣廣廈有聲圖書有限公司, 2021.09
　面；　公分
譯自：Play therapy activities : 101 play-based exercises to improve behavior
and strengthen the parent-child connection
ISBN 978-986-130-506-6（平裝）
1.親職教育 2.情緒教育 3.遊戲治療
528.2　　　　　　　　　　　　　　　　　　　　110012240

遊戲式情緒教養魔法書

教育現場也適用！遊戲治療師專為3~9歲設計，101種協助孩子克服焦慮、調節情緒、促進連結的親子遊戲！

作　　者／梅麗莎・拉維尼(Melissa LaVigne)　　編輯中心編輯長／張秀環・編輯／彭文慧
繪　　者／艾琳・佛瑞達(Irena Freitas)　　　　封面設計／張家綺
審　　訂／鍾巧鳳　　　　　　　　　　　　　內頁排版／菩薩蠻數位文化有限公司
翻　　譯／談采薇、楊雯祺　　　　　　　　　製版・印刷・裝訂／東豪・弼聖・秉成

行企研發中心總監／陳冠蒨　　　　　　　　線上學習中心總監／陳冠蒨
媒體公關組／陳柔彣　　　　　　　　　　　產品企製組／顏佑婷
綜合業務組／何欣穎

發　行　人／江媛珍
法 律 顧 問／第一國際法律事務所 余淑杏律師・北辰著作權事務所 蕭雄淋律師
出　　版／台灣廣廈
發　　行／台灣廣廈有聲圖書有限公司
　　　　　地址：新北市235中和區中山路二段359巷7號2樓
　　　　　電話：（886）2-2225-5777・傳真：（886）2-2225-8052

代理印務・全球總經銷／知遠文化事業有限公司
　　　　　地址：新北市222深坑區北深路三段155巷25號5樓
　　　　　電話：（886）2-2664-8800・傳真：（886）2-2664-8801
郵 政 劃 撥／劃撥帳號：18836722
　　　　　劃撥戶名：知遠文化事業有限公司（※單次購書金額未滿1000元需另付郵資70元。）

■出版日期：2021年9月　　　　　　　　　■初版4刷：2022年11月
ISBN：978-986-130-506-6　　　　　　　　版權所有，未經同意不得重製、轉載、翻印。